Camille GIRARDONI.

L'ABBAYE

DE HAUTE-FONTAINE

ET LE JANSÉNISME

dans le Perthois

VITRY-LE-FRANÇOIS

IMPRIMERIE ET LIBRAIRIE Vᵉ TAVERNIER ET FILS.

1890.

L'ABBAYE DE HAUTE-FONTAINE

ET LE JANSÉNISME

dans le Perthois.

CAMILLE GILARDONI.

—·◆·—

L'ABBAYE
DE HAUTE-FONTAINE

ET LE JANSÉNISME

dans le Perthois

VITRY-LE-FRANÇOIS

IMPRIMERIE ET LIBRAIRIE Vᵉ TAVERNIER ET FILS.

1890.

BIBLIOGRAPHIE.

Histoire du Jansénisme, par le P. Rapin, jésuite.

Histoire du Jansénisme, par le P. Gerberon, oratorien.

Histoire des cinq propositions de Jansénius, par l'abbé Du Mas.

Mémoires sur Port-Royal, de Fontaine.

Mémoires sur Port-Royal, de Du Fossé.

Histoire générale de Port-Royal, par Dom Clémencet.

Histoire de Port-Royal, par Besoigne.

Mémoires pour servir a l'Histoire de Port-Royal, Utrecht, 1740.

Port-Royal, de Sainte-Beuve.

Les premiers Jansénistes et Port-Royal, par Mgr. Ricard.

HISTOIRE DE LA RÉVOLUTION FRANÇAISE, Introduction, par
Louis Blanc.

HISTOIRE DE FRANCE, par Henri Martin.

LES PROVINCIALES, de Pascal.

MÉMOIRES MANUSCRITS, de M. Feydeau, à la Bibliothèque
Mazarine.

VIE MANUSCRITE DES ÉVÊQUES DE CHALONS, par l'abbé
Gagney, à la Bibliothèque de Vitry.

MÉMOIRES DE SAINT-SIMON.

MÉMOIRES HISTORIQUES SUR LA RÉGENCE ET LE RÈGNE DE
LOUIS XV, par Duclos.

JOURNAL DE DANGEAU.

LETTRES de Mᵐᵉ de Sévigné.

VIE DE NICOLE, par l'abbé Goujet.

VIE D'ARNAULD, par Quesnel.

HISTOIRE DE PORT-ROYAL, par Racine.

LETTRES de Nicole.

LOGIQUE DE PORT-ROYAL.

DICTIONNAIRE de Richelet.

DICTIONNAIRE de Moreri.

HISTOIRE ECCLÉSIASTIQUE de l'abbé Fleury.

VIE DE M. DE PONTCHATEAU, par l'abbé de Beaubrun.

MÉMOIRES SUR LE MÊME, par Marguerite Périer.

NOUVELLES DE LA RÉPUBLIQUE DES LETTRES, par Bayle.

ESSAIS DE CRITIQUE PHILOSOPHIQUE, par Ad. Franck.

MÉMOIRES DE LA SŒUR ELISABETH DE SAINT-AGNÈS LE
FÉRON, SUR LA VIE DE M. PONTCHATEAU.

MÉMOIRES SUR LE CARDINAL DE RETZ, par M. de Chantelauze.

MÉMOIRES HISTORIQUES DE CHAMPAGNE, par Beaugier.

HISTOIRE DU DIOCÈSE DE CHALONS, par M. Barthélemy.

PENSÉES de Pascal.

ABRÉGÉ CHRONOLOGIQUE DES ÉLÉMENTS QUI ONT PRÉCÉDÉ ET SUIVI LA BULLE UNIGENITUS, 1732.

VIE DE FÉLIX VIALART.

UN PROBLÈME MORAL DANS L'ANTIQUITÉ, ÉTUDE SUR LA CASUISTIQUE STOICIENNE, par Raymond Thamin.

RÉFLEXIONS MORALES SUR LE NOUVEAU TESTAMENT, par le P. Quesnel.

JOURNAL DE L'ABBÉ LE DIEU, secrétaire de Bossuet.

LES BEAUTÉS DE L'HISTOIRE DE LA CHAMPAGNE, par l'abbé Boitel.

ANNUAIRE DE LA MARNE, pour l'année 1875.

VIE DE CHARLES MAURICE LE TELLIER, ARCHEVÊQUE ET DUC DE REIMS, par l'abbé Gillet.

HISTOIRE DE BOSSUET, par Réaume, etc., etc.

L'abbaye de Haute-Fontaine
ET LE JANSÉNISME
dans le Perthois.

CHAPITRE PREMIER.

Sommaire.

Considérations générales sur le rôle historique des abbayes. — Importance de celle de Haute-Fontaine au point de vue des doctrines. — Fondation de Haute Fontaine. — Mission des abbayes bénédictines. — L'abbé Jean de Montluc. — Attaque de Haute-Fontaine par les troupes de Charles-Quint. — Les moines chasseurs. — L'abbé Stuart d'Aubigny. — Son caractère et ses idées sur le Jansénisme naissant. — Les fondateurs du Jansénisme et leurs doctrines. — L'abbé Le Roi. — Son caractère et son rôle dans les luttes du Jansénisme. — Ses plans de réforme. — Dom Didier de la Cour et la Congrégation de Saint Vanne. — Dom Rigobert-Lévêque. — Arrivée de l'abbé Le Roi à Haute-Fontaine. — Matthieu Feydeau. — Profonde décadence des maisons fondées par Saint Bernard. — Visite de l'abbé de Rancé à Haute-Fontaine. — Comment il juge l'abbé Le Roi — Dom Rigobert quitte Haute-Fontaine pour le suivre à la Trappe. — La question de *l'hémine*. — Goûts littéraires de l'abbé Le Roi.— On lui attribue un instant les *Provinciales* de Pascal.— Il fait monter une imprimerie dans les caves de l'abbaye de Haute-Fontaine.

Les abbayes ont été longtemps le refuge de la pensée humaine, et, si elles ne vivent plus guére aujourd'hui que par des ruines, elles vivront

longtemps encore par le souvenir des luttes intel-
lectuelles et morales dont elles ont été le théâtre.
A cet égard, l'abbaye de Haute-Fontaine, que
nous allons faire revivre dans l'un des moments
de son histoire les plus agités, mérite de rester
dans la mémoire de ceux qui s'intéressent à l'éternelle lutte des idées dans le monde. Moins célébre
que bien d'autres, elle n'en a pas moins tracé son
sillon dans l'histoire religieuse. Le moment de
célébrité qu'elle a eue se rattache à l'histoire
d'une secte qui a failli révolutionner la France,
et qui a laissé de profondes racines dans nos pays,
le Jansénisme. Le bel épanouissement de l'abbaye
de Port-Royal a laissé un peu dans l'ombre notre
abbaye qui n'en a pas moins joué son rôle dans
la propagation de la secte. Elle a été l'un des
arsenaux du parti janséniste. Mais, comme l'on
devait y travailler dans le plus profond mystère,
ce mystère même a contribué à l'obscurité qui
plane encore sur l'histoire de cette maison. Les
savants de la Champagne, qui ont fouillé les archives et déterré des parchemins pour faire l'historique de nos abbayes, n'y ont rien trouvé con-
cernant ce que nous appellerons la période janséniste de Haute-Fontaine. Le peu que nous avons
pu en découvrir se trouve dans les écrits port-

royalistes. C'est là qu'on voit notre abbaye traitée avec tous les égards possibles comme une satellite de Port-Royal. gouvernée par un saint et illustre abbé, peuplée de saints, et dévouée à la sainte et vraie doctrine. Par quel hasard, par quelle suite d'événements le Jansénisme était-il venu s'implanter dans ce coin perdu du Perthois ? Voilà ce qui nous semblait de nature à exciter notre curiosité, et voilà pourquoi le travail que nous offrons aujourd'hui nous semble remplir une lacune qui demandait à être comblée, et fournir quelques renseignements précieux·pour l'histoire des doctrines Jansénistes.

A l'intérêt historique et philosophique qu'offre une pareille étude, il faut ajouter le plaisir de faire revivre un moment l'une de ces communautés claustrales et cénobitiques dont les mœurs d'aujourd'hui ne peuvent plus nous donner l'idée. On y verra le jeu éternel de la passion humaine, qui agit toujours de même quelles que soient les doctrines, et quels que soient les hommes qui luttent pour elles. mais ce qui change. c'est le costume et le langage des acteurs du drame. Sous le froc et la bure vivaient des hommes, avec leurs faiblesses, leurs petitesses. rehaussées pourtant par des élans d'enthousiasme comme nous n'en connaissons plus. On se demande, dans notre siècle d'indifférence, comment des Français du dix-septième siècle ont pu se passionner à ce point pour la grâce efficace, suffisante ou concomitante. Mais quand on voit, à côté de cela, la futilité des questions qui nous divisent et qui nous passionnent, on est plutôt porté à nous plaindre et à admirer ces héros des guerres théologiques qui au moins luttaient pour les plus graves intérêts qui puissent agiter des consciences humaines. L'histoire des doctrines jansénistes offre encore un attrait de plus en nous montrant quelques unes des singularités propres à cette secte, de ces austérités incroyables qui ont fait que le Jansénisme, en étonnant les imaginations, a exercé une si grande influence sur les mœurs. Voilà pourquoi nous offrons au public cette esquisse de l'histoire de ce petit Port-Royal perdu au fond de la Champagne.

Située dans le Perthois, au dessus de l'ancienne petite ville de Perthes et du village de Sapignicourt, sur un plateau abrupt qui domine pittoresquement la rivière de la Marne, l'abbaye de Haute-Fontaine remontait au temps où Saint-Bernard peupla la Champagne de religieux et de maisons destinées à faire revivre l'ancienne règle de Cîteaux. C'était au milieu du douzième siècle. La fondation de l'abbaye de Trois-Fontaines en 1116 avait donné l'élan au besoin de créer de tous côtés de nouveaux établissements. En quelques années, cette maison-mère se vit entourée d'une pleïade d'abbayes qu'elle appelait *ses filles* et *ses petites-filles*. Haute-Fontaine, par la date de sa création (1136) était l'une de ces filles, avec l'abbaye de Cheminon, et celle de Montiers-en-Argonne. Beaugier (1) nous dit que Saint-Bernard la fit bâtir pour servir de maison de santé à ses Religieux convalescents, et qui avaient besoin d'un air pur. En effet, la situation de Haute-Fontaine indiquait que cette abbaye était moins une chartreuse, qu'un *sanitarium*, un lieu de cure. Rien de moins austère que cette Thébaïde au sommet d'un plateau, entourée d'une nature riante, d'où la vue plane sur le plantureux Perthois et ses nombreux villages et sur les gracieux méandres de la Marne qui baigne le pied du côteau où elle est assise. Mais les événements ont donné une toute autre destination à Haute-Fontaine. Après avoir été une sorte d'hospice, elle

---

(1) *Mémoires historiques de Champagne* tome I, page 158.

devint, comme nous le verrons, une vraie cita-
delle religieuse, qui eut à subir des assauts de
plus d'un genre.

L'abbaye de Haute-Fontaine, comme toutes les
maisons de l'Ordre de Cîteaux, avait encore une
autre mission, celle de recevoir et d'héberger les
pauvres voyageurs; et l'on sait que Saint-Bernard,
dans le même but, avait créé des hospices jusqu'au sommet des Alpes. Cette mission n'est pas
l'une des moins belles de cet Ordre hospitalier et
laborieux qui transforma la face de la France au
moyen-âge par ses défrichements, ses cultures et
ses travaux historiques et scientifiques. Les seigneurs féodaux, presque toujours occupés de
guerres ou de services militaires, ne pouvaient
faire produire au sol un revenu suffisant. Aussi
s'empressaient-ils de remettre, moyennant une
faible redevance, des biens incultes ou des forêts
à exploiter ou à défricher, entre les mains des
moines associés pour le travail comme pour la
prière ; et ceux-ci en retiraient des richesses qui
leur servaient pour l'aumône. C'est ce qui permettait aux Religieux bénédictins d'établir de
tous côtés des refuges et des maisons hospitalières. Haute-Fontaine avait de ces maisons à
Saint-Dizier et à Châlons. Celle de cette der-

niére ville n'était autre que l'antique hôtel de
la Haute-Mére-Dieu , (1) qui appartint à
Haute - Fontaine jusqu'à la fin du dix - sep-
tiéme siécle. Mais, avec la corruption des
temps, les tendances hospitaliéres de l'Ordre
de Cîteaux disparurent, et les refuges furent
affermés comme une source de revenus pour
les abbés.

L'abbaye de Haute-Fontaine ne prit jamais
un grand développement. M. de Barthélemy
(2) en attribue la raison à la jalousie des
abbés de Trois-Fontaines qui considéraient
Haute-Fontaine comme leur apanage, et l'em-
pêchaient de prospérer, en quelque sorte, à
leur barbe. Une autre raison, c'était, sans
doute, que cette abbaye se trouvait sur le
grand chemin des invasions. Elle n'était pas
cachée, comme la plupart de ses sœurs, au
fond des vallons et dans les grands bois :
elle se montrait, au contraire, à tout venant
sur son côteau, et devait exciter la convoi-
tise des bandes pillardes et incendiaires ,
comme la Champagne en a tant vu dans le

---

(1) Voir, à cet égard, un travail de M. Ch. Remy,
inséré dans l'Annuaire de la Marne de 1875.

(2) *Diocèse ancien de Châlons* tome I, page 171.

cours de son histoire. Elle vit passer sous ses murs les Anglais, les Bourguignons, les Armagnacs, les Espagnols, les Routiers. les troupes huguenotes, les Ligueurs, et bien d'autres. Le manque de sécurité, et la crainte d'attaques incessantes durent préjudicier à l'agrandissement de Haute-Fontaine qui ne prit une véritable importance que dans le domaine des idées et des doctrines quand le Jansénisme s'y fut implanté.

La principale crise de son histoire, c'est l'attaque dont elle fut l'objet de la part des troupes de Charles-Quint, au moment de la destruction de Vitry. Après que la ville eût été bombardée, un détachement de troupes impériales se porta sur l'abbaye de Haute-Fontaine ; mais il trouva à qui parler. L'abbaye était alors gouvernée par l'abbé Jean de Montluc, frère du fameux maréchal, et qui chassait de race. Ce singulier composé d'homme d'Eglise et d'homme de guerre, comme on en vit beaucoup dans l'ancienne France, avait fait de Haute-Fontaine un camp fortifié ; il l'avait flanqué de bastions dont on voit encore aujourd'hui les restes, et dressé ses moines en une troupe aguerrie qui fit devant l'ennemi la meilleure figure. Les Espagnols vinrent se buter contre ces remparts et cette garnison en soutane, et Haute-Fontaine fut sauvée.

L'avénement de Jean de Montluc à l'abbaye de Haute-Fontaine marque le commencement du régne des abbés commendataires, et de la décadence des abbayes bénédictines et autres. Jusque-là, les abbés avaient été nommés à l'élection ; le pur régime démocratique dominait dans ces établissements et y maintenait, autant que possible, les idées de pauvreté et d'égalité évangéliques. Mais les abbés élus suivant la régle de l'Ordre de Cîteaux avaient été peu à peu remplacés par des bénéficiers investis par le pape, par les évêques, ou même par l'autorité civile. C'est ce qu'on appelait des abbés *commendataires*. Ces abbés, le plus souvent n'étaient pas de l'Ordre ; c'étaient des dignitaires écclésiastiques, des évêques, des chanoines à qui l'on donnait les abbayes comme une source de revenus. Il y en eut même que l'on donnait à des laïques, à des gens d'épée (1). Le salut et la prospérité

---

(1) *Institution au Droit écclésiastique*, par l'abbé Fleury, tome I, pages 485 et suivantes.

des abbayes dépendit alors du bon choix des abbés, ou des bonnes chances que la fortune ou plutôt la faveur, puisque c'était désormais la faveur qui faisait tout, procurait à ces établissements. Haute-Fontaine a eu la bonne fortune d'être gouvernée généralement par des gens d'un grand mérite. Jean de Montluc était du nombre. Il fut d'abord employé par François Ier et Henri II comme ambassadeur en Angleterre et en Ecosse, en Italie et en Allemagne, et contribua beaucoup à l'élection de Henri III au trône de Pologne. Il n'était pas indifférent à une communauté, dans ces temps de troubles et de guerres civiles, d'avoir à sa tête un homme élevé dans les Cours et dans leurs intrigues, sachant négocier, et, au besoin, défendre son bien l'arme au poing. C'est un beau titre d'honneur pour Haute-Fontaine, que Charles-Quint soit venu échouer sous ses murs.

Peu de temps après la mort de Jean de Montluc, l'abbaye de Haute-Fontaine fut adjugée précisément à un de ces hommes d'épée dont nous avons parlé plus haut, qui, en même temps qu'il avait à gouverner ses moines, avait encore, cent hommes d'armes sous ses ordres. C'était le duc de Piney-Luxembourg, pair de France, conseiller du roi en ses Conseils d'Etat et privé. Cet étrange abbé administrait son abbaye du fond de son hôtel de Paris, et l'on a conservé une charte de lui, fort singulière, dans laquelle il permet aux Religieux de Haute-Fontaine de porter l'arquebuse, et d'aller chasser le renard et les canards sauvages (1). Voilà où en étaient, en l'an 1600, les établissements créés par Saint-Bernard. Aussi des bruits de réforme commençaient-ils déjà à courir, et. nous en verrons la réalisation plus tard.

Comment se fait-il que. quelques années après, l'abbaye de Haute-Fontaine devînt le partage de Messire Ludovic Stuart, seigneur d'Aubigny, prince du sang royal d'Ecosse ? C'est le hasard de la commende qui, cette fois encore, dota notre abbaye, d'un chef du plus grand mérite, quoiqu'il fût plus homme du monde qu'homme d'Eglise. M. d'Aubigny a été appelé par ses contemporains, « l'homme aimable par excellence. » Il était grand ami de Saint-Evremond, qui parle souvent de lui

---

(1) Ce curieux document est cité par M. de Barthélemy dans son *Diocèse ancien de Châlons sur-Marne*, tome I, page 171.

dans ses ouvrages, comme d'un esprit de grand sens et d'un agrément infini. Passant en revue quelque part (1) le peu d'hommes de ce caractére qu'il eut le bonheur de rencontrer dans sa carriére : « Mon bonheur, dit-il, m'en a fait connaître en France, et m'en avait donné un, aux pays étrangers, (c'est en Angleterre que Saint-Evremond connut d'Aubigny) qui faisait toute ma joie. La mort m'en a ravi la douceur ; et, parlant du jour que mourut M. d'Aubigny, je dirai toute ma vie, avec une vérité funeste et sensible.

> ...... *Quem semper acerbum,*
> *Semper honoratum, sic Dii voluistis, habebo.* »

Ce témoignage de Saint-Evremond est trés précieux pour l'abbé d'Aubigny, et pour la France qui sut s'assimiler á ce point un étranger, et en faire un Français plus français que les plus aimables natifs du pays (2). Mais ce fut plutôt le monde qui profita de ces

---

(1) Dans le morceau adressé à M. le Maréchal de Créquy, qui lui avait demandé en quelle situation était son esprit, et ce qu'il pensait sur toutes choses en sa vieillesse, — 1671.

(2) Un de ses ancêtres, Jean Stuart, connétable des Ecossais, était venu en France, sous Charles VII, pour soutenir le Dauphin contre les Anglais ; il avait reçu en récompense du roi la châtellenie d'Aubigny, en Berry.

charmantes qualités que son abbaye, que, du reste, il n'habita guère.

Pourtant, si l'on veut tenir compte de l'influence que les hommes peuvent exercer sur les événements, on peut déjà trouver, dans le caractère et les opinions de cet abbé, quelques unes des raisons qui, peut-être, décidèrent des destinées futures de Haute-Fontaine. M. d'Aubigny était janséniste ; il ne s'en cachait pas ; il disait « nous », en parlant des adeptes de la secte nouvelle ; il avait été élevé à Port-Royal, qui, dès sa fondation, attirait les enfants de France et même de l'étranger, par le renom de ses fortes et saines études. Peut-être, à ces liens créés dès l'enfance, et qui attachaient les élèves de Port-Royal au berceau du jansénisme par un sentiment de gratitude, faut-il ajouter le mouvement qui attirait les esprits les plus distingués vers cette secte aristocratique au premier chef. Mais l'abbé d'Aubigny était d'une nuance de jansénisme assez singulière ; il était, pour ainsi dire, jansénisme libre-penseur. Il avait trop d'esprit pour se donner à n'importe quelle secte ; il jugeait les jansénistes en *libertin*, comme on disait alors ; il trouvait leurs doctrines excessives, et se disait partisan du juste-milieu en religion comme en toutes choses (1). Mais ce qui choquait son sens droit et ennemi des excès, c'étaient les persécutions dont étaient l'objet des hommes à qui l'on n'avait à reprocher que trop de raideur dans leurs opinions. Il se fit donc leur chevalier plutôt que leur adepte ; il s'entremit en leur faveur auprès des puissances ; il chercha à adoucir la rigueur de leurs exils, et se vit même sur le point d'être proscrit lui-même par le trop tendre intérêt qu'il portait aux victimes. Les Mémoires du temps (2) nous disent « qu'à la Cour, on avait soupçonné M. d'Aubigny de jansénisme, mais sans aucun autre fondement, sinon qu'il ne pouvait souffrir les maux que l'on faisait aux disciples de Saint-Augustin et qu'on les appelât hérétiques, mais il n'en avait jamais étudié les matières. » Aussi Sainte-Beuve, dans son *Port-Royal*, l'appelle-t-il, « un janséniste par générosité. » Néanmoins, comme c'est l'étiquette qui importe en

---

(1) Conversation de Saint-Evremond et de M. d'Aubigny sur les Jésuites et les Jansénistes.

(2) Entre autres, M. Hermant, chanoine de Beauvais, dans son *Histoire du Jansénisme*

ce monde, et que l'abbé d'Aubigny ne se défendait pas d'être appelé Janséniste, il faut croire que son abbaye prit un peu la couleur de son abbé. Mais la mission d'évangéliser Haute-Fontaine et d'en faire un des camps retranchés du Jansénisme était réservée au successeur de M. d'Aubigny, à l'abbé Le Roi.

Avant d'aborder ce sujet, il est nécessaire de faire un retour sur la naissance et les progrès du Jansénisme, et de dire un mot de cette secte qui allait soulever tant d'orages. Vers la fin du seizième siècle, deux hommes, d'un caractère sombre et d'une vertu austère, Jansenius évêque d'Ypres, et Jean Du Vergier de Hauranne, grands amis, et liés d'une sorte d'affection mystique, crurent trouver, dans les écrits de Saint-Augustin qu'ils avaient étudiés avec une passion singulière, un christianisme tout différent de celui dont l'Eglise d'alors se faisait l'interprète. L'Eglise enseignait que tous les fidéles avaient les grâces et les facilités nécessaires pour faire leur salut ; que l'homme pouvait se sauver de lui-même, et persévérer dans le bien sans le secours de Dieu : que la liberté lui avait été donnée pour en faire usage et pour tendre à son perfectionnement. Saint-Augustin, au contraire, enseignait que la grâce de Dieu, c'est-à-dire le pouvoir et la facilité de se sauver, était une faveur qui n'était pas accordée à tous les hommes ; qu'il fallait la mériter par une foi vive et une soumission humble ; que Dieu avait ses élus ; que la liberté humaine était comme paralysée sans le secours de la grâce ; que cette grâce était, pour ainsi dire, une seconde vie qui donnait au chrétien le pouvoir et l'espérance d'aspirer à la vie éternelle. De là, chez Saint-Augustin, une religion austère, étroite, bornant les moyens et les espérances de salut, condamnant le fidèle à l'attente passive de ce secours surnaturel sans lequel il ne peut rien, mais grande par l'importance qu'elle donne aux faveurs divines, et par la distance qu'elle met entre l'homme et Dieu. Dans l'Eglise, au contraire, une religion large, se proportionnant aux faiblesses humaines, appelant à elle tous les hommes, les justes, par l'attrait d'une communication constante avec Dieu : les pécheurs par l'espoir des indulgences divines. Entre ces deux doctrines si diverses, où était la vérité ? où était la juste voie à suivre ?

Jansénius et Du Vergier de Hauranne n'hési-
tèrent pas ; ils déclarèrent que la religion de
Saint-Augustin était la vraie, la bonne ; que
l'Eglise avait dévié ; que ses doctrines étaient
un abâtardissement des anciennes doctrines ;
qu'il fallait retourner à Saint-Augustin et au
christianisme primitif. C'est ainsi que commença le Jansénisme.

On voit que la secte naissante était une
réaction contre l'excès de catholicisation qui
tendait à amollir et à abâtardir la religion du
Christ. Au lieu d'élargir le christianisme, elle
tendait à le rétrécir en faisant un triage
parmi les fidèles, en créant une élite seule
accessible aux faveurs divines. Elle était, en
outre, une satisfaction pour les âmes austéres,
stoïciennes, que le rigide calvinisme effrayait
trop, et que le catholicisme trop fleuri rebu-
tait. De tous temps, et déjà au début du
christianisme, de semblables tentatives s'étaient
manifestées. Les *Montanistes*, par exemple,
ou disciples de Montanus, voulaient une réforme destinée à faire de l'Eglise un couvent
de Saints et de Saintes. « Les Montanistes,
nous dit M. Renan, ne parlaient que du relâchement général. Ils en voulaient à cette

Eglise hospitalière qui ouvrait ses portes à tous les pécheurs. L'Eglise de tout le monde, selon eux, ne valait pas mieux que la société païenne. Une Eglise de Saints, voilà leur idéal.... » (1) La tentative Montaniste était donc aristocratique comme la tentative janséniste. Il n'est pas sûr que Saint-Paul lui-même, avec ses idées sur la grâce, dont les jansénistes s'autorisaient, n'ait pas un peu penché de ce côté. Pour conquérir le monde, il est bon de l'allécher par la promesse de faveurs particulières. On n'estime en général que ce qui est difficile à gagner. Or cette doctrine d'une grâce qui n'est pas donnée à tous, quoique faite pour dérouter toutes les notions que nous avons de notre liberté, de notre responsabilité, et de la bonté divine, était admirable pour confondre la présomption des Gentils, et pour remplir de confiance et d'orgueil les premiers Chrétiens. Leur dire que c'était Dieu qui vivait et agissait en eux, qu'ils étaient comme des temples vivants de la Divinité, et comme des instruments de l'action divine, et qu'eux seuls

(1) *Le Montanisme,* par Ernest Renan, dans la *Revue des Deux Mondes* du 15 février 1881.

possédaient ce privilége, c'était les distinguer magnifiquement du reste du monde, et leur donner la plus grande joie qu'un homme puisse ressentir. Ils devenaient ainsi une élite parmi les autres hommes plongés dans l'erreur et dans les ténèbres ; ils devenaient le troupeau choisi du vrai Dieu ; ils étaient le petit nombre des élus dont parle l'Evangile. Mais quand le Christianisme eut embrassé la plus grande partie du monde connu, que l'Eglise eut conquis des gens de toutes nations, de toutes conditions, de toutes complexions, et qu'il fallut annoncer à cette masse de fidéles, bien disposés à travailler pour leur salut, qu'ils ne pouvaient rien par eux-mêmes, que leurs plus belles œuvres étaient des œuvres mortes sans la Grâce qui les vivifie ; que cette Grâce n'était donnée qu'à un petit nombre ; que Jésus-Christ n'était pas mort pour tous les hommes ; alors l'espoir d'être du petit nombre des élus ne pouvait plus sauver la masse des fidéles du découragement, du désespoir, ou de l'indifférence. L'Eglise faite, suivant la parole de son fondateur, pour conquérir le monde, devait-elle, pour rester fidéle à la lettre qui tue, borner ses conquêtes, restreindre son champ d'action, de consolation, de civilisation? C'est ce que lui demandaient les Jansénistes. Peu de chrétiens, mais de bons chrétiens. Ces doctrines sévères se manifestaient justement au moment où l'Eglise avait à réparer les pertes que la Réforme lui avait fait subir, et où, comme toutes les institutions qui luttent pour la domination, elle se relâchait un peu de sa sévérité, pour conquérir le monde plus sûrement. Elle avait, dans la nouvelle milice qu'elle s'était créée, les Jésuites, des missionnaires très zélés, quelquefois trop zélés, qui, pour dégoûter les dissidents des austérités du Calvinisme et du Luthéranisme, leur offraient une religion large, douce, accommodante, fleurie, et leur rendaient leur salut très-aisé pourvu qu'ils s'avouassent catholiques. Ils employaient cette tactique jusque avec les sauvages dont ils affublaient les dieux d'emblêmes catholiques, en mettant Jésus-Christ à la place de Lama ou de Boudha. Cette manière de faire ressemblait trop à celle des Romains qui, dans leur Panthéon, accueillaient les Dieux de toutes les nations qu'ils avaient conquises. Du reste, les Jésuites avaient pris pour maxime de ne choquer personne. Ils se montraient austères avec les gens austères, relâchés avec les gens relâchés, et leurs livres contenaient des maximes à l'usage de tous les caractères. Cette conduite, peu digne de la sincérité chrétienne, contribua à jeter beaucoup de monde dans le Jansénisme, qui fut une réaction, un peu trop forte peut-être, mais quelque peu nécessaire, pour ramener l'Eglise dans la voie d'austérité raisonnable, dont elle n'eût jamais dû s'écarter. Mais revenons-en à la propagande des premiers docteurs Jansénistes.

Les deux docteurs ne s'en tinrent pas à cette tentative de réforme dogmatique. Ils trouvèrent que la hiérarchie de l'Eglise, elle aussi, avait singulièrement changé dans le cours des siècles. Jésus-Christ avait nommé les Apôtres ses successeurs, sans établir de suprématie au profit de l'un d'eux. L'Eglise était donc une sorte d'aristocratie, sous la conduite des évêques, successeurs des Apôtres, et non une monarchie sous le pouvoir d'un pape. Il fallait rendre aux évêques leurs anciens privilèges, à l'Eglise ses libertés. C'était le renversement de tout l'échafaudage de la Curie romaine.

Les graves questions agitées par Jansénius et du Vergier de Hauranne, dans leurs retraites solitaires entraînaient à bien d'autres conséquences auxquelles la logique et la rigueur de leur esprit se livraient sans hésiter. Elles menaient particulièrement à cette austérité dans la morale et dans la pratique chrétiennes, qui a été l'un des principaux caractères du Jansénisme. Dès que la grâce était l'unique source de vie chez le chrétien, il fallait être toujours en état de grâce pour profiter efficacement des moyens que l'Eglise nous offre pour nous sauver, des sacrements par exemple. De là, ils en arrivaient à préconiser les anciens systèmes de pénitence en usage chez les catéchumènes ou premiers chrétiens. On sait que, dans ces temps primitifs, on classait les pécheurs par catégories, suivant la gravité de leurs fautes et la sincérité de leur repentir, et que ce n'est que par degrés, après toutes sortes d'humiliations publiques et d'amendes honorables, qu'ils étaient admis à la table sainte. En voulant remettre en honneur ces antiques usages, les fondateurs du Jansénisme se heurtaient contre tous les adoucissements que le progrès des siècles et le relâchement des mœurs avaient introduits dans la pratique chrétienne. On s'efforçait de rendre les sacrements accessibles à tous les hommes, quels que fussent leurs déréglements. Comme il est difficile de sonder les cœurs, on se contentait de semblants de repentir ; on facilitait de toutes manières les réconciliations du pécheur avec Dieu. Les Jansénistes, au contraire, dénonçant ces complaisances comme un abus sacrilège, disaient qu'il fallait se passer des sacrements plutôt que de les mal recevoir ; l'état du chrétien consistait à y aspirer toujours, sans se trouver digne de les recevoir, attendant chaque jour la grâce divine qui doit y disposer son cœur. Ces doctrines austères étaient développées tout au long dans d'énormes in-folios, que non seulement on ne peut plus lire aujourd'hui, mais que les docteurs en *us* seulement pouvaient comprendre quand ils parurent. Ce qui fit le succès des premiers Jansénistes. c'est moins leurs ouvrages, que leur air grave et austère, qui contrastait avec les mœurs relâchées du clergé d'alors. Mais les docteurs les plus jeunes du parti comprirent que pour convertir le monde à leurs doctrines.

il fallait les rendre accessibles au public, aux femmes mêmes, et, pour cela, bannir le latin et écrire en bon français. C'est alors que parurent le livre de la *Fréquente communion* d'Arnould, qui s'élevait contre les communions trop fréquentes, et, quelques années après, les fameuses *Lettres provinciales* de Pascal, qui furent d'autant plus goûtées et admirées, que leur auteur avait, pour ainsi dire, deviné la bonne langue française et la bonne plaisanterie.

Nous ne nous arrêterons pas aux desseins plus ou moins ténébreux que l'on a prêtés et que l'on prête encore aujourd'hui aux Jansénistes, de former un Etat dans l'Etat, une Eglise dans l'Eglise, de saper la foi dans sa pratique, d'abolir toute hiérarchie, etc. Dans les questions où la religion a été engagée, il est difficile, même après deux siècles écoulés, d'obtenir l'impartialité (1). Tout parti persécuté, qui ne peut émettre ses doctrines au grand jour, prend naturellement des allures

---

(1) Dans ce que nous disons à ce propos, nous avons surtout en vue un ouvrage intitulé « *Les Premiers Jansénistes et Port-Royal* » par Mgr. Ricard, paru tout récemment, qui est plutôt un pamphlet contre le Jansénisme qu'une histoire. On est toujours tenté de s'écrier en le lisant :

Tant de fiel entre t-il dans l'âme des dévots !

mystérieuses et cabalistiques, qui sont toujours interprêtées dans le sens de complots et de conjurations. C'est là ce qui effraya le cardinal de Richelieu, qui n'aimait pas les cabales, et Louis XIV, qui, hanté par les souvenirs de la Fronde qui avait troublé sa jeunesse, voyait dans le Jansénisme une sorte de Fronde religieuse, non moins fatale que l'autre à l'ordre et à l'unité du royaume.

Ce que l'on peut, à bon droit, reprocher aux Jansénistes, c'est d'avoir poussé le besoin du mystère jusqu'au défaut de franchise. Tous ceux du parti, sauf Pascal, qui se démasqua vers la fin de sa vie, ont toujours protesté de leur respect pour Rome, pour l'hiérarchie de l'Eglise, et voulaient être appelés *catholiques romains*. Il n'en est pas moins vrai que leurs doctrines démentaient hautement ces prétentions. Le Jansénisme était en réalité un schisme, que ses adeptes voulaient maintenir à l'état de demi-schisme ; ils voulaient rompre et ne pas rompre. Or c'était là une entreprise impossible dans ce monde où la logique gouverne tout, et où la forme finit toujours par emporter le fond. Quand on considère la parenté du Jansénisme avec le Calvinisme, dont il ne diffère que par ses doctrines sur l'Eucharistie, et par une soumission contrainte, quoique peu logique, à l'autorité du Saint-Siège, on ne peut s'empêcher de croire que les semences jetées en Champagne, et surtout dans le Perthois, par les doctrines calvinistes, aidèrent puissamment à l'éclosion et aux progrès du Jansénisme. Le Jansénisme était une revendication arriérée, moins nette et moins franche, des principes de la Réforme. La grande lutte du XVIe siècle avait épuisé les énergies, mais les consciences étaient encore troublées. L'Eglise avait cru tout réduire et tout aplanir par un coup d'autorité. Mais le Concile de Trente n'avait pu mettre fin à l'éternel autagonisme entre la liberté humaine, et l'espéce de fatalisme religieux que les discussions sur le dogme de la Grâce ont toujours soulevé. Aprés qu'on eut violemment tranché le probléme, comme l'avaient fait les Réformateurs, des esprits plus doux devaient essayer de le résoudre. La controverse théologique succéda à la guerre à main armée. On chercha, dans des distinctions, des arguties, des subtilités, de quoi satisfaire les consciences agitées. De là des demi-mesures, des velléités de révolte

suivies de soumission, des moments d'enthousiasme suivis de défaillances ; des contradictions, des inconséquences, des fluctuations,
des réticences, du mystére, un flux et un
reflux d'opinions manquant de la base nécessaire pour se fixer ; de beaux et de grands
caractéres, mais manquant de je ne sais quoi
de fort et d'inébranlable qui fait les grands
hommes et les grands apôtres. Ce fut là le
caractére propre du Jansénisme. Il a été la
houle qui suit les grandes tempêtes.

« Prés de Chevreuse, à six lieues de Paris
s'élevait une abbaye nommée *Port-Royal*, parceque, autrefois, suivant la chronique, Phi-
lippe-Auguste, égaré à la chasse, avait été
retrouvé en ce lieu par des gens de sa suite (1).
A l'époque où nous sommes, les Religieuses,
de l'ordre de Cîteaux, étaient allées, depuis
quelques années déjà, chercher à Paris, au
faubourg Saint-Jacques, un autre Port-Royal
qu'on appela Port-Royal de Paris ; de sorte
que Port-Royal des Champs n'était plus qu'un
monastére silencieux, délabré, sans autre habi-
tant qu'un pauvre prêtre laissé là pour des-

---

(1) *Mémoires de Du Fossé*, pour servir à l'histoire
de Port-Royal, Utrecht, 1739.

servir la chapelle (1). Attristée par des eaux stagnantes, troublée par le sifflement des serpents. la vallée environnante était affreuse, et, comme l'écrivait plus tard, Mme de Sévigné « propre à inspirer le goût de faire son salut ». Ce fut pourtant cette vallée qui donna une patrie au Jansénisme. Les Religieuses de Port-Royal obéissaient alors à l'influence de deux femmes d'un grand caractère et d'un ascétisme brûlant. Angélique Arnauld et Agnès, sa sœur. Dès leur naissance, et, par suite d'un privilége qui peint les mœurs du temps, elles avaient été toutes deux comme enterrées vives dans le cloître. Angélique ayant pris, à onze ans, possession de l'abbaye de Port-Royal, et Agnès ayant été nommée, à six ans, coadjutrice de sa sœur. L'abbé de Saint-Cyran les connut, les domina par sa gravité sombre, et ne tarda pas à obtenir la direction spirituelle de la communauté. Cette conquête fut décisive. et, chose singuliére, elle assigne une date à l'un des mouvements politiques les plus importants qu'ait produits l'histoire moderne.

---

(1) Fontaine, *Mémoires* pour servir à l'histoire de Port-Royal, tome I, page 27, Cologne, 1753.

» Angélique Arnauld avait pour neveu un avocat d'une éloquence, d'une réputation, auxquelles le barreau de Paris ne savait rien d'égal. Déjà entraîné vers la pente de la dévotion par l'exemple et l'influence de sa tante, Antoine Le Maistre rencontra un jour Saint-Cyran au chevet d'une mourante ; il lui entendit prononcer des paroles suprêmes ; il le vit ouvrant le ciel à un cœur qui allait cesser de battre, et, dès cet instant, il se sentit vaincu. En vain essaya-t-il de rester fidèle à ce monde qui l'enivrait de louanges : il ne se reconnaissait plus ; la puissance profane de son talent semblait l'avoir abandonné sans retour, et lorsque, dans la salle accoutumée à ses triomphes, sa vue tombait sur le crucifix poudreux placé devant lui, alors — il l'a raconté lui-même, — ses yeux se remplissaient de larmes. Il ne put résister à cette émotion intime, et bientôt Paris apprit avec étonnement que l'illustre orateur venait de se faire bâtir, dans le voisinage de Port-Royal, une petite maison pour s'y livrer à la solitude et aux rigueurs de la pénitence. C'est à peine si l'on y crut. Son frère, M. de Séricourt, qui revenait des armées, l'alla voir, et, l'apercevant, il le cher-

chait néanmoins encore « dans cet air lugu-
bre de pénitence qui l'environnait. « Alors
celui-ci : « Me reconnaissez-vous bien. mon
frère ? Voilà ce M. le Maistre d'autrefois. Il
est mort au monde et ne cherche plus qu'à
mourir à lui-même. » Attendri, éperdu, le
jeune major jette son épée, et il écrivit à l'abbé
de Saint-Cyran : « Je n'ai plus d'autre pensée
que de suivre Jésus-Christ comme mon général, le chef et le prince des pénitents. » Il se
fit donc ermite à son tour, et resta près de
son aîné. Il n'écrivirent plus que « le premier
et le deuxième ermite. Vinrent ensuite leurs
trois autres frères, MM. de Saci, de Saint
Elure et de Vallencourt. Puis au groupe fra-
ternel se joignirent successivement le prêtre
Singlin, Claude Lancelot, Toussaint Desmares,
Arnauld et Nicole. C'est ainsi que commença
la secte qui alla bientôt rayonner sur le monde
entier par le talent de ses adeptes et les
grosses questions qu'elle souleva. » (1)

Tel était l'état des esprits. quand l'abbé Le Roi
vint prendre possession de Haute-Fontaine .
Guillaume Le Roi était né à Caen le 10 jan-

______

(1) Louis Blanc, *Histoire de la Révolution française*,
Introduction, tome **I**, pages **201** et suivantes.

vier 1610. Il etait fils d'un commis du cardinal Mazarin, tellement estimé de son maître,
qu'il faillit devenir ministre d'Etat. Sa mére
était cousine de l'abbé de Choisy, l'auteur
des Mémoires. Aprés avoir fait de brillantes
études à Paris, il entra dans l'état ecclésiastique, et eut, encore fort jeune, un canonicat
à Notre-Dame. « Il était, dit Moréri, (1) auquel
nous empruntons ces détalls, naturellement bon,
sincére, généreux pour ses amis, charitable
pour les pauvres, auxquels il fit beaucoup
de bien en diverses rencontres, ayant même
établi des fonds considérables pour les hôpitaux.
Il fut formé à la prédication par M. de Gril-
lié, évêque d'Uzèz, fort ami de sa famille, et
qui passait en son temps pour un fort bon
prédicateur. Mais le disciple s'apercevant que
les maniéres et le langage du maître vieil-
lissaient beaucoup, et se persuadant qu'il pouvait le surpasser en s'appliquant à la lecture
des Ecritures et des Péres plus qu'il ne paraissait l'avoir fait, il retourna à Paris, où il
s'attacha à enrichir sa bibliothéque qu'il remplit des meilleurs livres. Il se lia particuliérement avec M. Godeau, évêque de Grasse et

____

(1) *Dictionnaire biographique*, à l'article *Le Roi*.

de Vence, et ces relations devinrent si étroi-
tes, que ce Prélat voulut lui donner le premier de ces évêchés alors réunis. Ce projet,
dont l'exécution s'avançait beaucoup, fut rompu à cause qu'on crut que M. Le Roi pen-
chait déjà vers le Jansénisme. » Et, en effet,
l'abbé Le Roi fût devenu évêque, s'il n'avait
embrassé avec ardeur les opinions nouvelles
qui commençaient à se répandre. Il se pas-
sionna pour Saint-Augustin, le grand-patron
du Jansénisme. Puis il se prit d'une vive
amitié pour les défenseurs de ce saint docteur,
principalement pour Arnauld, qui fut son
grand ami pendant toute sa vie. Enfin il se
fit le champion de la doctrine de la Grâce,
et composa, à ce sujet, plusieurs ouvrages,
principalement une « Prière sur la Grâce »,
qui le mirent en grand renom auprès des
adeptes de la nouvelle secte. Pour achever sa
conversion au Jansénisme, il rêva la retraite,
mais, au lieu, d'aller s'enfouir à Port-Royal,
comme beaucoup d'entre ses amis, et de rompre avec les pompes du monde, il se fit une
solitude dorée et à moitié mondaine à *Méren-*
tais, maison de campagne située à peu de
distance de Port-Royal. « Là, entouré de ses

livres, ayant sa chapelle, accueillant des hôtes auxquels il faisait les honneurs de cet ermitage poli, il méditait de mener une vie mi-partie d'étude et de piété. (1) ». Il réalisait ainsi le rôle de protecteur officieux, d'une sorte de *Mécène* du Jansénisme, qui lui donne un caractère à part dans l'histoire de cette secte.

Mais la maison de Mérentais ne suffit bientôt plus aux besoins de retraite de notre abbé. Il voulait une solitude plus éloignée de Paris, et voyant que M. d'Aubigny, son ami, cherchait plutôt à rentrer dans le monde qu'à en sortir, il lui proposa d'échanger sa place de chanoine de Notre-Dame contre l'abbaye de Haute-Fontaine. M. d'Aubigny accepta de grand-cœur, d'autant plus que les événements le rappelaient en Grande-Bretagne. La restauration de Charles II allait avoir lieu. Il devint grand-aumônier de la reine d'Angleterre, infante de Portugal. Une fois qu'il fut de l'autre côté du détroit, il oublia singulièrement le Jansénisme, ou du moins il n'envoya plus à ses anciens amis que des témoignages d'affec-

______

(1) Sainte-Beuve, *Port Royal*, liv. IV, page 52.

tion bien refroidis par la distance et par la philosophie épicurienne qu'il puisait dans les entretiens de son nouvel ami, Saint-Evremond. Néanmoins, il s'entremit toujours avec beaucoup de bienveillance pour adoucir la cruauté de leurs exils et de leurs proscriptions. Il mourut en 1665, au moment, dit-on, où il recevait de Rome le chapeau de cardinal, et quelques heures avant l'arrivée du courrier. Il n'avait que 36 ans.

L'échange du canonicat de l'abbé Le Roi avec l'abbaye de Haute-Fontaine s'était fait en 1653 . Mais , comme il était d'usage alors d'avoir des abbayes et de ne les point habiter, M. Le Roi resta encore huit ans à Mérentais, soit, comme dit Moréri, que des affaires de famille l'y retînssent, soit qu'il y attendît que l'abbé de Clairvaux, auquel il s'était adressé lui eût donné un bon prieur, car il rêvait la réforme de son abbaye ; il voulait en faire une seconde Trappe, à l'exemple de son ami, l'abbé de Rancé. La réforme des communautés religieuses était alors à l'ordre du jour, et, comme ce mouvement de réforme dans les institutions monastiques se rattache, par une certaine conformité de vues, au mouvement janséniste, il est nécessaire d'en dire ici quelques mots.

Au commencement du dix-septième siècle (1) vivait à Verdun un moine bénédictin du nom de Didier de la Cour, de mœurs très-austères, et très épris de la règle de Saint-Benoît, patron de son ordre. Un des principaux points de cette règle, qui l'a rendue si féconde en grandes œuvres de toutes sortes, c'était la nécessité du travail, travail de l'esprit, et travail des mains. La règle, au début, était si sévère à cet égard, qu'elle ne permettait pas aux Religieux même une demi-heure de méditation par jour (2). Ce n'étaient pas des contemplatifs que Saint-Benoît et Saint-Bernard ; il est bon de le rappeler aujourd'hui où l'on est trop tenté de croire que la vie monastique était une vie d'oisiveté et de comtemplations stériles. La création de l'Ordre de Cîteaux était une réaction contre les rêveries indépendantes et oisives du cloître oriental. En outre, dans ces libres associations, le principe de

(1) La réforme de Dom Didier de la Cour s'opéra dans les années 1596 à 1604.

(2) Voir comme Nicole blâme ce règlement dans l'une de ses lettres, la LXXVe du Recueil général.

l'élection était observé à tous les degrés, ce qui tempérait singulièrement la règle de l'obéissance aveugle et passive. Voilà la règle que la piété de dom Didier de la Cour rêva de restaurer en plein dix-septième siècle. Il exécuta son plan avec une abnégation et une puissance de volonté qui le firent réussir, au moins dans la mesure où le progrès des idées et les misères humaines rendaient cette restauration possible . C'était un véritable ascète, qui commença par prêcher d'exemple. Il fut longtemps seul à observer la règle dans toute sa rigueur ; puis, lorsqu'il se fut fait quelques acolytes, il se retira avec eux dans une sorte de désert, où il se mit à défricher le sol, comme faisaient les moines au douzième siècle, à vivre de racines et d'eau, n'ayant qu'une masure mal couverte pour abri, et de la plus grosse serge pour vêtement. Comme c'est surtout en étonnant les hommes qu'on les convertit, dom Didier de la Cour conquit bientôt beaucoup de prestige sur les moines ses confrères. Il leur démontra éloquemment comme quoi les Bénédictins manquaient à leur nom et à leur origine, en n'observant plus la règle de Saint Benoît.

Mais, dans son zèle apostolique, il se heurta
contre bien des abus. Le principal était la
commende dont nous avons parlé, qui était
une infraction flagrante au principe de l'élection. Le peu d'abbés *réguliers*, c'est-à-dire élus
suivant la règle, qui restaient, ne trafiquaient
pas moins que les abbés commendataires de
leurs privilèges et des revenus des abbayes.
Ils vivaient en grands seigneurs, et enrichis-
saient leurs parents aux dépens des moines
et des pauvres. Les moines, eux aussi, étaient
tombés dans un grand relâchement. La vie
commune avait cessé dans bien des monastères : les biens se dissipaient (1). La règle
du travail n'était guère mieux observée. On
y avait substitué peu à peu des médita-
tions et des retraites, qui prirent à la fin le
principal temps des religieux. La règle du
silence, la plus dure peut-être de toutes, à
laquelle Saint-Benoît tenait essentiellement, était
complètement oubliée. Le travail des mains
était méprisé sous prétexte d'étude et d'oraisons (2).

---

(1) *Institution au Droit ecclésiastique*, par l'abbé
Fleury, tome I, pages 485 et suivantes.

(2) « La plupart des monastères, dit Dom Calmet,
qui étoient auparavant des asiles de l'innocence et
des sanctuaires de vertu , étoient devenus des caver-
nes de voleurs et des lieux de dissolution. » *Histoire
de Lorraine*, tome III, col. 127.

Sans arriver à remettre en honneur ces maximes austères qui, comme toutes choses humaines, avaient subi les outrages du temps, dom Didier de la Cour en sauva du moins ce qu'il put, et, réunissant tous les Religieux qui avaient à cœur le retour sincère aux règles de son Ordre, il les groupa en deux Congrégations nouvelles qu'on appela les *Congrégations des Bénédictins ou Bernardins réformés de Saint-Vanne et de Saint-Maur*.

Rien n'était plus favorable aux visées jansénistes que la tentative du moine de Verdun. Tout ce qui avait pour but de remettre en honneur les anciennes maximes et les anciennes règles de l'Eglise était prôné par eux avec enthousiasme. Il ne faut donc pas s'étonner si, dès le premier jour, les Jansénistes et les Religieux qui avaient adhéré à la réforme se trouvèrent en communauté d'idées.

Ce sont ces Religieux de la Congrégation de Saint-Vanne qui introduisirent la réforme dans la plupart des abbayes cisterciennes (1) de la Champagne. Les abbayes de Beaulieu, de

---

(1) On appelait ainsi les abbayes de l'Ordre de Cîteaux ou de Saint Benoit.

Moiremont, de Cheminon, de Montiérender, de Saint-Urbain, de Huiron, de Saint-Pierre de Châlons, de Saint-Sauveur de Vertus , se réformèrent successivement. L'abbaye de Trois-Fontaines, presque seule, résista au courant réformateur et janséniste. Les abbés commendataires qui la gouvernaient à cette époque (1) étaient inféodés à de tout autres doctrines.

Cette réforme d'une grande partie de l'Ordre de Cîteaux ne se fit pas sans grandes difficultés de la part de ceux qui gouvernaient alors l'Eglise : elle choquait trop d'intérêts. Le Général de l'Ordre ne l'admettait pas. Il s'ensuivit un procès entre les réfractaires et leur supérieur canonique. Rome fut saisie de l'affaire, et se montra, comme d'habitude toute opposée à ce qui pouvait avoir l'air d'une réforme . L'abbé de Rancé, qui venait de s'établir dans la Maison bénédictine de la Trappe, prit chaudement la défense des Cisterciens réformés. Il partit pour Rome, et usa de toutes les prières et de toute la diplomatie possible pour amener le Saint-Siége à consacrer solennellement ce retour aux an-

____

(1) Les cardinaux de Lorraine, d'Effiat, de Bissy, de Tencin, etc.

ciennes institutions monastiques (1). Le procès fut perdu, et le mouvement se fit malgré Rome et un peu contre elle. Les Cisterciens réformés passèrent à l'état de demi-
révoltés, et cette situation ne fit qu'accroître
leur parenté avec les Jansénistes qui, eux
aussi, s'étaient vu condamner par le Saint-
Siège. De là, cette sorte d'alliance entre les
Maisons de Cîteaux et les docteurs de Port-
Royal ; le refuge qu'y trouvèrent à maintes
reprises les persécutés du parti, tels qu'Arnauld, Nicole, M. de Pontchâteau et autres
que nous apprendrons à connaître dans la
suite de cette histoire. La règle de Saint-
Benoît était devenue, pour les Jansénistes,
une source de discussions passionnées. C'était
à qui l'entendrait le mieux, et la pratiquerait
le plus minutieusement. Enfin l'alliance entre
la Congrégation de Saint-Vanne et le parti
janséniste devint si étroite, qu'au siècle suivant les Religieux de cet ordre furent parmi les
plus ardents à combattre la *bulle Unigenitus*.

C'est cette réforme que l'abbé Le Roi rêva
d'établir à Haute-Fontaine. Il avait un vrai

---

(1) Voir, pour les détails de cette affaire, la vie de
Rancé, par Châteaubriand.

culte pour Saint-Bernard, et la maison de Clairvaux, fondée par cet illustre ascéte, pouvait
seule, à ses yeux. lui donner l'homme qu'il
fallait pour mener son entreprise à bonne fin.
C'est pour cela qu'il s'était adressé à l'abbé
de Clairvaux. Il entretenait de son dessein tous
ses amis qui venaient le visiter à Mérentais,
entre autres Matthieu Feydeau qu'il y reçut
pour le soustraire aux poursuites de la police. (1)
M. Feydeau fut loin de l'en décourager ; il
trouvait seulement que tous ces plans de réforme plus ou moins platoniques, faits à cinquante lieues de distance d'un établissement
qu'on veut réformer. n'aboutissaient à rien, et
qu'il fallait qu'un abbé qui avait d'aussi hautes
visées fût au milieu de ses moines et payât
de sa personne et d'exemple. « Après beaucoup de conférences qu'il voulut bien avoir
avec moi, nous dit M. Feydeau, sur la rési-

---

(1) Matthieu Feydeau était l'un des jansénistes les
plus zélés et les plus convaincus. Il avait défendu
Arnauld en Sorbonne, et s'en était vu proscrire pour
le courage qu'il avait déployé. Plus tard il devint
vicaire à Saint Merry à Paris, où il jansénisa cette
paroisse avec un succès qui donna de l'ombrage aux
jésuites et à leur cabale. Il combla la mesure en chan-
tant un *Te Deum* le jour où le cardinal de Retz,
plus ou moins affilié aux jansénistes, réussit à s'échap-
per du château de Nantes. Une lettre de cachet
l'exila de Paris, et l'obligea à mener une vie plus ou
moins errante, jusqu'au jour où on le nomma à la
cure de Vitry-le-François.

dence qu'on doit à son bénéfice, de quelque
nature qu'il puisse être, il prit la résolution
d'aller demeurer à son abbaye de Haute-Fontaine, où je l'assurais que Dieu lui donnerait
tout une autre bénédiction qu'à Mérentais,
puisque assurément il y serait tout autrement
dans l'esprit de Dieu (1). » Une autre raison
acheva de décider l'abbé Le Roi, c'est que
l'abbé de Clairvaux lui envoyait, comme prieur,
Dom Rigobert-l'Evêque, qui jouissait, parmi
les moines, ses confrères, d'une grande réputation d'austérité et d'ascétisme (3). Il fit trans-
porter à Haute-Fontaine sa belle bibliothèque
au milieu de laquelle il se plaisait à vivre ;
il traita de sa terre de Mérentais à pension
viagère avec l'Hôtel-Dieu de Paris ; mais,
lorsqu'on voulut lui en offrir quatre mille
livres de rente sur les meilleurs particuliers
de la ville de Paris, il les refusa pour les
reverser sur les pauvres (2). Ayant ainsi pris
toutes ses dispositions, il partit, accompagné

(1) *Mémoires* manuscrits de Matthieu Feydeau, qui
se trouvent à la Bibliothèque Mazarine, à Paris.

(2) *Dictionnaire biographique* de Moréri, à l'article
Le Roi.

(3) Dom Rigobert fut plus tard l'auxiliaire de l'abbé
de Rancé dans l'œuvre de réformation de la Trappe.
C'est là qu'il mourut.

de M. Feydeau, pour son abbaye, où il arriva la veille de Noël de l'année 1661.

Mais les premiers essais de réforme tentés par M. Le Roi montrèrent bien qu'il n'avait ni les goûts ni l'étoffe d'un réformateur. C'était avant tout un abbé bel-esprit, érudit, littérateur, qui, comme tous les gens qui aiment à écrire et à étudier, tiennent à leur repos, et ne comprennent l'action et la lutte que sur le papier. On ne peut mieux le comparer qu'au docte Huet, évêque d'Avranches, dont il était l'ami et le compatriote. Ce pieux épicurien n'eut garde de se mêler aux batailles des Jansénistes et des Molinistes ; le bruit de leurs querelles le troublait au fond de son cabinet, et il se bouchait les oreilles pour ne pas trop les entendre. L'abbé Le Roi eût dû faire comme lui ; mais le Jansénisme le tentait comme un sujet de polémiques et d'amplifications oratoires ; il s'attacha à la secte, pour ainsi-dire, en littérateur, de même que les idées de réforme des institutions monastiques lui ouvraient tout un monde de dissertations sur la règle de Saint-Benoît et autres. C'est ce qu'il aimait et où il excellait. Il était homme de plume et non d'action. Aussi Matthieu

Feydeau , qui était , lui , un homme d'action , un apôtre, un Janséniste militant, et qui avait plusieurs lettres de cachet sur le corps, ne tarda-t-il pas à le gêner et à compromettre sa tranquillité épicurienne . L'abbé avait commencé à faire des conférences à ses Religieux sur la grande réforme qu'il méditait. M. Feydeau, de son côté, leur faisait des sermons . « Les Religieux , nous dit ce dernier , témoi·gnaient d'aimer à m'entendre, parceque j'étais court, et que je ne les reprenais pas tant que M. l'abbé (1). » Ce fut un terrible grief contre le pauvre M. Feydeau. La vanité littéraire s'en mêla . L'abbé Le Roi aimait trop à disserter ; il écoutait parler : il avait comme on l'a reproché avec quelque raison aux écrivains et polémistes jansénistes, la phrase un peu longue ; il était trop sévère comme le sont, en général, les hommes qui ne prêchent pas d'action ; ils exigent des autres ce que leur caractère ne leur permet pas d'exiger d'eux-mêmes. C'était sa manière à lui d'être janséniste. M. Feydeau l'était d'une autre manière. De là des dissentiments qui ne tardèrent pas à éclater.

______

(1) *Mémoires* manuscrits de M. Feydeau.

Sur ces entrefaites, ce dernier tomba malade. « Je fis, nous dit-il (1), une maladie à
« Haute-Fontaine. La convalescence fut assez
« longue (2)..... Cet état entre la santé et la
« maladie est fort mélancolique, et ne rend pas
« les personnes bien agréables. Aussi M. l'abbé
« se lassa-t-il de moi ; de plus il craignait de
« garder auprès de lui un homme qui avait
« deux lettres de cachet sur le corps. Il me
« parla d'aller demeurer à son abbaye de Ver-
« dun. Je lui dis qu'après Pâques (de l'année
« 1662) je le déchargerais de ma personne,
« et que jusque-là je lui voulais payer ma
« pension...... Il me fit voir une lettre de
« M. de Préfontaine, son frère, qui lui faisait en-
« tendre que mon séjour à Haute-Fontaine pour-
« rait lui rendre quelque mauvais office. Je
« m'aperçus bien que cette lettre était mendiée,
« et je demeurai ferme à ne vouloir m'en
« aller qu'après Pâques.... Pendant ce temps

---

(1) *Mémoires* manuscrits de M. Feydeau.

(2) « Pendant son premier séjour à Haute-Fontaine,
en 1661, l'abbé Le Roi mena M. Feydeau à Saint
Nicolas de Verdun dont il était abbé et de là à Saint
Vanne, où un Religieux de la maison lui dit que
Saint-Robert, qu'on honorait en ce lieu, guérissait de
la fièvre. Il se fit apporter la tasse du saint, et après
avoir prié, il but dedans, et depuis ce temps, il n'eut
plus de fièvre. » Besoigne, *Histoire de Port Royal*,
tome V, Sommaire de la vie de M. Feydeau.

« je m'occupai à traduire le prophète Jérémie.
« J'en conférai avec M. l'abbé, et je le sup-
« pliai de me vouloir marquer mes fautes. Cela
« lui gagna tellement le cœur qu'il me fit des
« excuses de tout ce qui s'était passé ; il me pria
« de ne point songer à m'en aller. Cette prière
« que je lui avais faite dans la simplicité,
« sans aucune vue, m'attira cette douceur qui
« m'était assez nécessaire dans l'amertume de
« cœur que je ressentais du traitement que
« l'on me faisait. »

Ces froissements entre gens qui eussent dû
se soutenir contre l'ennemi commun venaient
de ce qu'il y avait trop d'espèces de Jansénistes. L'abbé d'Aubigny, qui les connaissait
bien, nous les dépeint dans un entretien célèbre qu'il eut à ce sujet avec Saint-Evremond (1).

« Je vous dirai, dit-il, que nous avons de
fort beaux esprits qui font valoir le Jansénisme par leurs ouvrages ; de vains discou-
reurs qui, pour se faire honneur d'être Jansénistes, entretiennent une dispute continuelle
dans les maisons ; des gens sages et habiles
qui gouvernent prudemment les uns et les

______

(1) Conversation de M. d'Aubigny avec Saint-Evremond sur les Jésuites et les Jansénistes (1662).

autres. Vous trouverez dans les premiers de grandes lumiéres, assez de bonne foi, souvent trop de chaleur, quelquefois un peu d'animosité. Il y.a, dans les seconds, beaucoup d'entêtement et de fantaisie : les moins utiles fortifient le parti par leur nombre ; les plus considérables lui donnent de l'éclat par leur qualité. Pour les politiques, ils s'emploient chacun selon son talent, et gouvernent la machine par des moyens inconnus aux personnes qu'ils font agir.

« Ceux qui prêchent ou écrivent sur la *grâce*, qui traitent cette question si célébre et si souvent agitée ; ceux qui mettent le concile au dessus du pape, qui s'opposent à son infaillibilité, qui choquent les grandes prétentions de la Cour de Rome, sont persuadés de ce qu'ils disent : capables toutefois de changer de sentiment, s'il arrive un jour que les Jésuites trouvent à propos de changer d'opinion. Nos (1) directeurs se mettent peu en peine de la doctrine ; leur but est d'opposer société à société, de se faire un parti dans l'Eglise, et, du parti dans l'Eglise, une cabale

____

(1) Il est à remarquer que l'abbé d'Aubigny dit toujours *nous* et *nos*, en parlant des Jansénistes et de leurs œuvres. Il forme une classe à part : c'est le Janséniste indépendant, et d'autant plus sujet à caution. On n'est jamais trahi que par les siens.

dans la Cour: Ils font mettre la réforme dans
un couvent sans se réformer : ils exaltent la
pénitence sans la faire : ils font manger des
herbes à des gens qui cherchent à se distinguer par des singularités, tandis qu'on leur
voit manger tout ce que mangent les personnes de bon goût.... »

L'abbé Le Roi était, ce semble , de cette
dernière espéce, tandis que Matthieu Feydeau
était un janséniste convaincu, un apôtre, se
livrant tout entier, corps et âme, à la fortune
de son parti. C'était un humble soldat, qui
faisait une petite figure auprés de ces généraux, de ces directeurs du Jansénisme dont
parle si bien M. d'Aubigny. Ses Mémoires
nous dépeignent, avec une nuance d'ironie et
d'amertume, l'étrange imbroglio que ces chefs
du Jansénisme faisaient de la vie ascétique et
de la vie mondaine et sensuelle. « Le 9 avril
1662, nous dit-il, nous fûmes à Clairvaux....
M. de Clairvaux (l'abbé) tenait grande table.
On y servit de sept sortes de vins (dans le
couvent de Saint-Bernard !) Il m'invitait, avec
beaucoup de bonté, de me réjouir avec la
compagnie. Mais je ne le pus jamais faire.... »

Quelque temps après. l'abbé de Clairvaux vint rendre la visite à Haute-Fontaine, il s'y trouva en même temps que l'évêque de Châlons, Félix Vialart, dont nous aurons à parler plus loin. « On leur fit grande chère à l'un et à l'autre, » nous dit M. Feydeau, « mais je n'en fus que le spectateur. » Enfin le pauvre homme, toujours un peu malade, et quelque peu désabusé, ne tarda pas à quitter Haute-Fontaine. « J'avais à peine, nous dit-il. la force de mettre le pied dans l'étrier. Mais dom Rigobert m'aida à monter à cheval, et m'accompagna jusqu'à Châlons. où je pris le carrosse de Paris. »

Dom Rigobert était, comme Matthieu Feydeau, un soldat de la première heure, un néophyte de la grande réforme, ardent. extrême, qui voulait bravement mettre la cognée à l'arbre malade. Que devait-il penser de son abbé qui. plongé dans ses livres. méditait toujours la réforme sans rien réformer, passait son temps à subtiliser sur la régle de Saint-Benoît, et faisait de longues dissertations sur la quantité de vin qu'il devait donner à ses religieux. tandis que, pour lui-même. il avait une cave de Lucullus ? Il est à croire qu'ils ne s'entendirent guère, témoin la grande querelle qu'ils eurent ensemble au sujet des humiliations qu'il fallait infliger aux Religieux, et où intervint le grand réformateur du dix-septième siècle, l'abbé de Rancé.

L'abbé de Rancé était l'ami de M. Le Roi. Ils avaient été ensemble chanoines à Notre-Dame. L'idée qu'ils avaient eue, l'un et l'autre de quitter le monde et de se vouer à la retraite avait créé entre eux une sorte de confraternité de plus. Quoique Rancé ne fût pas janséniste, et se défendît toujours de l'être, soit qu'il n'aimât pas l'esprit de secte, soit qu'il trouvât la doctrine de l'Eglise assez large pour comporter tous les genres d'austérité, sans qu'il fût nécessaire de s'attacher à aucune petite Eglise particulière, les Jansénistes néanmoins le tiraient à eux le plus qu'ils pouvaient ; ils le revendiquaient comme l'un des leurs, se persuadant que toutes les grandes pénitences lui revenaient de droit. Les idées de réforme des institutions monastiques, dont nous avons parlé plus haut, les réunirent pourtant un instant. Le grand ascète du dix-septième siècle, celui qu'on a nommé » le dernier des Moines » devait appeler cette réforme de tous ses vœux. Il alla la défendre à Rome, comme nous l'avons vu ; et, dans son voyage, il passa par. Cîteaux, la mère des maisons bénédictines, et poussa jusqu'à Haute-Fontaine, pour y renouveler avec l'abbé Le Roi une connaissance qui avait été interrompue pendant plus de vingt ans. C'était en l'année 1665. Rancé avait, sans doute, cru trouver dans son ami un réformateur à sa manière : il trouva un homme qui dissertait à perte de vue et qui n'agissait guère. Il le jugea dès lors à sa juste mesure, et, avec les apparences de la courtoisie la plus parfaite, une certaine froideur s'établit entre leurs relations. L'homme de plume et l'homme d'action étaient d'un caractère trop incompatible pour se comprendre.

C'est à Haute-Fontaine, sans doute, que l'abbé de Rancé connut dom Rigobert et fascina cet homme épris comme lui d'ascétisme et d'austérité. Le prieur, qui se morfondait dans ce milieu où ses idées n'étaient pas comprises, demanda à Rancé à le suivre à la Trappe, et son départ livra plus que jamais Haute-

Fontaine aux dissertations stériles, aux velléités de réforme non suivies d'effet, et à
l'épicurisme plus ou moins bien dissimulé,
d'un abbé bénéficier.

Ce n'est pas que M. Le Roi fût oisif : loin
de là ; il ne vivait qu'avec Saint-Benoît et
Saint-Bernard ; il leur demandait tous leurs
secrets, tous leurs programmes ; personne
n'était plus que lui familiarisé avec la règle
et toutes ses minuties. Il s'agissait, par exemple, de savoir ce que c'était que *l'hémine*, ou
mesure de vin que Saint-Benoît prescrit chaque jour à ses Religieux. D'après notre abbé,
l'hémine était un demi-setier ; mais d'autres
prétendaient que c'était un quart ou trois
quarts de setier ; grave question, qui préoccupa M. Le Roi pendant tout le cours de
l'année 1667, qui lui fit écrire des volumes
auxquels on répondit par d'autres volumes.
Cette guerre de plume plaisait beaucoup à
l'abbé, parcequ'elle faisait valoir ses belles
qualités de littérateur et d'érudit . Sainte -
Beuve insinue quelque part (1) malicieusement
« que, si M. Le Roi s'enquérait des vieilles
coutumes monastiques, c'était pour les savoir

---

(1) *Port-Royal*, livre quatrième, page 54, note 1.

peut-être encore plus que pour les pratiquer. »
Rancé fut quelque peu importuné du bruit
que faisait la question de l'*hémine*. « Ce sont
des minuties. écrivait-il à l'abbé Nicaise, qui
ne méritent pas l'application de gens dont la
vie doit être pleine d'occupations importantes. »

Que l'abbé Le Roi tirât quelque vanité de
son talent d'écrire, il ne faut pas trop s'en
étonner puisqu'on lui fit un moment l'honneur de lui attribuer les *Provinciales* de Pascal. On sait que les *Petites Lettres*, comme
on les appelait. parurent. en 1656, sans nom
d'auteur. Pascal n'était encore guère connu
en dehors du monde des savants et de la
petite Eglise de Port-Royal. On chercha qui,
dans le monde janseniste, pouvait avoir composé un pamphlet si fin et si ingénieux , et
l'on pensa aussitôt à l'abbé Le Roi. Il passait
pour la plus belle plume du parti. Il était
alors dans sa maison de Mérentais. Il s'y vit
assailli de félicitations qui l'étonnèrent fort
agréablement, et il y répondit en homme qui
n'eût pas été trop fâché qu'on devinât juste.
Ces réponses nous donneront une idée du tour
d'esprit de notre abbé. Il écrivit au P. Esprit

(de l'Oratoire), à propos des bruits qui couraient, « qu'il n'en était rien ; qu'on lui fai-
« sait trop d'honneur ; qu'il trouvait la pre-
« mière lettre (provinciale) si belle et si à
« propos, qu'il eût souhaité volontiers l'avoir
« faite ; que la seconde ne cédait en rien à
« la première ; que ce serait une agréable
« gazette à recevoir toutes les semaines ;
« qu'il voudrait bien que l'on fît la Réponse
« du Provincial à l'ami ; que, s'il avait une
« imprimerie, il le ferait volontiers répondre. »
Quand, à partir de la sixième Provinciale,
Pascal prit à parti les Jésuites avec la fine
ironie et l'éloquence que l'on sait, l'abbé Le
Roi fut encore plus enthousiasmé. Il écrivit à
Mme de Sablé, à Port-Royal, « que cette
« Lettre (la sixième) était admirable ; que
« c'était un chef-d'œuvre de la plus forte, de
« la plus féconde et de la plus fine raillerie ;
« qu'il fallait qu'il fît une terrible résistance
« à son amour-propre et à sa vanité pour
« n'avoir pas envie d'en être estimé l'auteur,
« comme l'on en faisait courir le bruit ; que,
« sans y penser, cette Lettre ferait faire plu-
« sieurs éditions de cet incomparable livre
« d'Escobar ; qu'il ne donnerait pas à présent

« le sien pour une pistole ; qu'il est fort en
« peine de savoir où l'on trouvera des *Filiu-*
« *cius*, des *Caramuels* et des *Sanchez* ; et que
« ce serait une plaisante chose si la cherté
« s'allait mettre sur les Casuistes.... » (1). Ces
appréciations sont jolies ; il y a du trait, de
la malice, du bon goût ; mais elles nous montrent que si notre abbé jugeait les *Provinciales*
en homme de goût, il eût été peu capable de les
faire. Il avait beaucoup d'esprit, mais qui ne sortait pas du genre précieux de Voiture, de
Godeau, de Fléchier, de Chapelain et de
Conrart. La saine et sévère sève janséniste
n'avait pas passé par là. Le grand mérite
de Pascal, c'est d'avoir enterré le bel esprit,
et d'avoir deviné le vrai, le bon esprit, celui
de tous les temps, toujours juste, et qui sera
toujours compris et admiré puisqu'il est la
nature même.

Il est probable que si l'abbé Le Roi eût
déjà été à Haute-Fontaine quand les *Provin-*
ciales parurent, il se fût enhardi jusqu'à faire
les réponses du Provincial dont il parle plus
haut, car il y avait réalisé le vœu qu'il fait

---

(1) Sainte Beuve, *Port Royal*, liv. III, page 177,
note 2me.

plus haut, et naturel à un polémiste-né comme lui, d'avoir son imprimerie. Cette imprimerie était clandestine, car l'autorité surveillait d'un œil jaloux tous les ouvrages jansénistes qui se répandaient dans le public. Elle occupait une partie des caves de l'abbaye que M . Le Roi fit reconstruire à neuf en 1670, telle qu'on la voit encore aujourd'hui, sauf l'église qui a été démolie en 1840. Bien des gros in-folios jansénistes qui encombrent nos bibliothèques, et qui portent le cachet d'Amsterdam ou d'Utrecht. sortaient des caves de Haute-Fontaine qui devint ainsi l'une des officines de la secte et l'un des facteurs principaux dans l'histoire des doctrines religieuses au dix-septième siècle.

CHAPITRE DEUXIÈME.

Sommaire.

Le Formulaire. — La question de la Signature. — Félix Vialart de Herse, évêque de Châlons. — Son caractère, son attitude, et son rôle dans les affaires du Jansénisme. — Ses relations avec l'abbé Le Roi. — Opinion de cet abbé dans la question du Formulaire. — Démarches et instances de Félix Vialart auprès de lui. — Il signe le Formulaire avec quelques réserves. — La paix de l'Eglise, en 1668. — Trève accordée aux jansénistes. — Arnauld et Nicole à Haute-Fontaine. — Le Nouveau - Testament de Mons. — Polémiques à son sujet. — L'Ouragan de Champagne. — Polémique des docteurs jansénistes avec les Ministres protestants. — Le livre de la *Perpétuité*. — Le pasteur Edme Aubertin. — Le pasteur Claude Varnier. — Singulière aventure où le nom d'Arnauld est mêlé . — Le sieur de Beauchâteau. — Un faux Arnauld.

Pendant que l'abbé Le Roi faisait ses plans de réforme, les Jansénistes eurent à subir l'une des plus terribles épreuves de leur courte et orageuse histoire, c'est la crise suscitée par la signature du Formulaire.

Le Jansénisme avait été condamné à Rome dans la personne de son chef Jansénius. On avait soumis à la censure son grand ouvrage intitulé *Augustinus*. On en avait tiré cinq propositions qui résumaient la doctrine de la Grâce telle que nous l'avons exposée plus haut ; elles menaient aux conséquences que voici:

L'homme n'est pas libre de résister à la grâce ; Saint-Pierre a péché parceque la grâce lui a manqué ; Quelques commandements de Dieu sont impossibles à ceux qui n'ont pas la grâce; Jésus-Christ n'est pas mort pour tous les hommes .

Ces propositions furent décrétées d'hérésie, et il fut prescrit à tous les prêtres et religieux de France, sous peine d'exclusion de la Communion de l'Eglise, de signer un Formulaire ainsi conçu :

« Je me soumets sincérement à la Constitution de N. S. P. Alexandre VII du 16 Octobre 1656. Je reconnais que je suis obligé, en conscience, d'obéir à cette Constitution ; et je condamne de cœur et de bouche la doctrine des Cinq Propositions de Jansénius contenue en son livre intitulé *Augustinus*, que le Pape et les Evêques ont condamnées, laquelle doctrine n'est point celle de Saint-Augustin que Jansénius a mal expliquée contre le vrai sens de ce saint docteur. »

Les Jansénistes, poussés dans leurs derniers retranchements, imaginèrent toutes sortes de biais pour se soustraire à la nécessité de cette signature. Ils prétendirent d'abord que ces Cinq Propositions n'étaient pas dans le livre de Jansénius, et que la Constitution du pape contenait ainsi une erreur de *fait* que, de bonne foi, ils ne pouvaient signer (1). Mais, comme la Cour de Rome insistait, ils déclarèrent qu'ils pouvaient bien admettre que Jansénius se fût trompé, mais pas Saint-Augustin ; c'est-à-dire qu'ils désavoueraient bien leur chef, mais non pas la doctrine de la grâce efficace . Enfin ils proposèrent d'accepter *in petto* la Constitution du pape, et de garder, à cet égard, un *silence respectueux*, qui était tout ce que l'Eglise pouvait leur demander.

Les Jansénistes les plus illustres, et Pascal le premier, avaient décidé d'abord de se retrancher dans cette tactique, et le pape lui-même avait fini par ne pas trouver cet expédient trop mauvais (2) voyant bien que tout

____

(1) Toutes les premières Provinciales roulent sur ce système.

(2) « Le pape, dit le cardinal Rospigliosi, voyant que, encore que les Jansénistes ne voulussent pas reconnaître pour article de foi la décision du St-Siège sur le fait, ils s'engageaient néanmoins à la révérer par un silence respectueux, ne trouvait rien sur cette matière qui fût préjudiciable au St-Siége. ».

ce qu'il pouvait demander aux Jansénistes en définitive c'était le silence. Mais bientôt la haute raison de Pascal, reprenant le dessus, vint déjouer les illusions de ceux qui espéraient sauver le Jansénisme par ces subterfuges. Il sentait que ces réserves, ces petits détours étaient des chicanes de procureur, bonnes à amuser le parterre ou à mettre en sûreté la conscience de ceux qui n'en avaient point. Il démontra à ses amis qu'il n'y avait, dans la condamnation des Cinq Propositions qu'une seule question, qui n'était de *droit* ni de *fait*, celle de savoir si , oui ou non , la vraie doctrine de la grâce telle que l'avaient enseignée les plus grands apôtres et les plus illustres docteurs de l'Eglise Saint-Paul, Saint-Augustin, Saint-Thomas, avait été condamnée par la Constitution d'Alexandre VII ; que, dans ce cas, aucun Janséniste ni aucun catholique sincère ne pouvait accepter cette condamnation . Etait-ce aux Jansénistes à donner l'exemple de ces restrictions mentales qu'on reprochait avec tant de raison aux Jésuites ? Etait-ce par de pareilles subtilités qu'on pouvait prétendre ranimer la vraie foi dans ceux qu'avaient égarés la casuistique et les fausses doctrines ? Non : pour conjurer le péril où la religion se trouvait, il fallait avant tout de la sincérité ; il fallait de plus du courage, et plutôt que de se taire, il fallait crier la vérité par dessus les toits.

Ainsi raisonnait Pascal vers la fin de sa carrière, et les tortures morales que lui causèrent les luttes soulevées à ce sujet, sont l'un des spectacles les plus poignants qu'offre l'histoire des grands hommes. On en voit le reflet dans les *Pensées* , surtout dans les dernières qui sont un défi sublime jeté à la Cour de Rome. « Le silence dit-il, est la plus grande persécution. Jamais les Saints ne se sont tus..... Or, après que Rome a parlé, et qu'on pense qu'elle a condamné la vérité, et qu'ils l'ont écrit, et que les livres qui ont dit le contraire sont censurés, il faut crier d'autant plus haut qu'on est censuré plus injustement, et qu'on veut étouffer la parole plus violemment, jusqu'à ce qu'il vienne un Pape qui écoute les deux parties, et qui consulte l'antiquité pour faire justice ». (1). Arnauld et Nicole n'étaient pas

_____

(1) Fragments sur Port-Royal.

de cet avis. Ils disaient qu'en accordant au pape une soumission de respect seulement, iis satisferaient à tous leurs devoirs de catholiques, et réserveraient la liberté de leurs opinions. Les discussions soulevées à ce sujet furent assez vives pour mettre la discorde dans le petit troupeau Port-Royaliste . Nous en percevons les échos par un passage de Racine : « Grand différend contre M . Pascal, écrit-il. Il voulait qu'on défendît toujours les Propositions par le bon sens qu'elles avaient, et qu'on n'en signât point la condamnation. M. Arnauld et M. Nicole étaient d'avis contraire. M. Arnauld, entre autres, fit un écrit où il terrassait M. Pascal qui était petit devant lui. C'est ce qui a donné lieu au bruit qui se répandit, que M. Pascal avait adjuré le Jansénisme. M. Nicole appelle tout cela les guerres civiles de Port-Royal. » Marguerite Périer, sœur de Pascal, raconte aussi, dans sa Relation de la vie de son frère, « que, la plupart des Port-Royalistes, soit conviction, soit déférence, s'étant rangés au sentiment d'Arnauld et de Nicole, Pascal se sentit tout-à-coup si pénétré de douleur, qu'il se trouva mal, sans parole et sans connaissance, Après les premiers soins qui le firent revenir, et lorsque tous ces Messieurs se furent retirés, Mme Périer demanda à Pascal ce qui lui avait causé cet accident : « Quand j'ai vu, répondit-il, toutes ces personnes-là que je regardais comme étant celles à qui Dieu avait fait connaître la vérité, et qui devraient en être les défenseurs ; quand je les ai vus s'ébranler et donner les mains à la chûte, je vous avoue que j'ai été saisi d'une telle douleur, que je n'ai pas pu la soutenir, et il a fallu y succomber. »

C'est dans ces sentiments que mourut Pascal, et l'on peut dire qu'il fut le seul Janséniste qui finit réellement en révolté. Le schisme ne l'effrayait pas (1). Il voyait qu'il était la conséquence logique du Jansénisme. On se demande ce que fût devenue la secte, s'il eût vécu. Il n'est pas douteux qu'elle n'eût pris un autre caractère ; mais ce n'eût plus été le Jansénisme, car le caractère propre de cette secte, c'est précisément d'avoir été une grande inconséquence.

---

(1) *Ad tuum, Domine Jésu, tribunal appello.* » « Je ne crains rien, je n'espère rien. Les évèques ne sont pas ainsi. Le Port Royal craint, et c'est une mauvaise politique. » — *Pensées.* —

La mort de Pascal laissa le Jansénisme livré à la casuistique qui n'est nulle part pire que dans une secte qui était une protestation contre toute casuistique. On ne chercha plus que les moyens de condamner les Propositions de bouche et non de cœur, de faire des réserves et des restrictions mentales, pour rester catho-liques malgré Jansénius ; et la plupart de ces hommes, dont on admirait l'austérité, la sincérité, la raideur dans les convictions, se laissèrent entraîner à faire publiquement un mensonge qui, pour comble d'humiliation ne leur servit de rien.

Il y avait alors, au siège épiscopal de Châ-lons, un homme qui fut d'un grand secours pour amener le Jansénisme à se déjuger pour son repos et pour celui de l'Eglise, c'était Félix Vialart de Herse. Dire que ce prélat fut l'homme de la paix par excellence, c'est le juger d'un seul mot. Janséniste de caractère et de doctrine, il ne haïssait rien tant que ce mot de *Jansénisme*, qui faisait de la vraie doctrine de la grâce, à ses yeux, l'apanage d'une petite Eglise brouillonne et frondeuse. L'Eglise n'était-elle pas assez grande et assez

large pour permettre aux Chrétiens austérés
de se soumettre en tout à la volonté de Dieu,
d'attendre les effets de sa grâce, d'approcher
des sacrements en tremblant, de vivre de
privations et de mortifications, sans élever
drapeau contre drapeau, et prendre des allures de secte ? N'était-ce pas diminuer les
grandes vérités dont l'on est animé que d'en
faire le privilège d'un petit troupeau, quand
Jésus-Christ a dit « qu'il était la lumière éclai-
rant tout homme venant en ce monde. » C'est
ainsi que Félix Vialart comprenait le christianisme qu'il honora, du reste. par ses vertus (1).
Il était surtout, comme l'était aussi Bossuet,
touché de sa majestueuse unité. Mais, s'il ne
comprenait pas qu'on rétrécît le christianisme,
comme les Jansénistes voulaient le faire, il ne
comprenait pas davantage qu'on voulût les
excommunier et les persécuter. Sa charité
se révoltait à ce spectacle. mais le besoin de
tout pacifier et d'étouffer tout germe de divi-
sion le rendaient quelquefois dur pour des

____

(1) Le grand Condé disait de lui « que sa vertu
était solide, mais sans grimaces ; qu'elle n'épouvan-
tait personne, quoiqu'elle fût extrêmement exacte, et
que si tous les dévôts de la Cour étaient faits comme
lui. la dévotion n'y serait pas si décriée avec des
qualités si éminentes. »

hommes dont le seul crime, était d'être trop attachés à leur opinion. Bon, et plein de toutes les illusions que donne la bonté, il jugeait les hommes d'après lui. Il ne comprenait ni la raideur chez des sectaires, ni de la cruauté chez les persécuteurs. Aucun sacrifice ne semblait lui coûter pour amener l'union entre les hommes. Mais, par une de ces faiblesses qui gâtent souvent les plus belles vertus, il aimait l'unité et la discipline religieuse, au point de mettre un vrai fanatisme à y ramener tous les récalcitrants : alors son caractère, naturellement doux, s'aigrissait ; il devenait persécuteur pour faire croire qu'il n'était pas du côté des persécutes. Mais les Jansénistes oubliaient ses rigueurs pour ne se souvenir que de ses bons offices ; ils le faisaient janséniste malgré lui ; traqués et persécutés comme ils l'étaient, c'était pour eux un grand honneur et une grande force de compter des évêques dans leurs rangs, et ils ne s'en faisaient pas faute quand ces évêques donnaient quelque prise par leur attitude équivoque. Sa conduite ne satisfit donc précisément personne, ni les Jésuites qui lui reprochaient ses condescendances pour une secte condamnée ni les Jansénistes qui lui reprochaient son inconstance, ni la Cour qui lui reprochait sa faiblesse ; mais, en définitive, cette conduite embarrassée tourna au profit du Jansénisme, auquel il suffisait, dans l'intérêt de sa propagation, qu'un évêque semblât hésiter entre lui et l'Eglise officielle.

Aussi les adeptes de la secte l'ont-ils toujours compté au nombre de leurs saints (1) et c'est à lui, encore aujourd'hui, que les catholiques attribuent la propagation du Jansénisme dans le diocèse de Châlons.

Félix Vialart se faisait sur la secte d'étranges illusions. Il croyait qu'on pouvait rayer le Jansénisme d'un trait de plume, réduire au silence des gens qui croient avoir seuls le dépôt de la vérité, empêcher de prétendus martyrs de la vraie foi de protester hautement devant Dieu et devant les hommes, et bannir la fureur du prosélytisme qui est l'âme des religions nouvelles. Il était de ces

---

(1) Les Jansénistes lui attribuèrent des miracles après sa mort, comme plus tard au fameux diacre Pâris. Nous lisons dans une lettre de M. Vuillart, secrétaire de l'abbé Le Roi, et ami de Racine, à la date du 13 Décembre 1698, le passage suivant : « M. Racine m'a dit hier qu'il avait appris à l'archevêché (de Paris), où il avait dîné, qu'il y avait eu un nouveau miracle de M. Vialart, évêque de Châlons, savoir la guérison d'un hydropique. Le Molinisme sera désolé et inconsolable si un Saint janséniste se met ainsi à faire des miracles..... »

doux, dont parle l'Evangile, qui voient des joints partout où les autres ne voient que des abîmes, et qui savent aplanir les angles, quand ils blessent trop. La soumission, le désaveu même, quand ils s'agissait de la paix de l'Eglise, de la concorde entre chrétiens, lui semblait si facile, si méritoire ! La ' vie du chrétien n'était-elle pas une vie de sacrifices ? et quel est le sacrifice le plus agréable à Dieu sinon celui de ses opinions les plus chères ? Si l'on ne voulait aller jusqu'à ce grand sacrifice. ne pouvait-on pas au moins se taire, vénérer Saint-Augustin en silence, et ne pas trop faire paraître ses sentiments ? C'est sur ce terrain que Félix Vialart se rencontrait avec les jansénistes opportunistes, et les partisans du *silence respectueux* (1). Ayant ce

---

(1) Besoigne, dans son *Histoire de Port-Royal* raconte à ce sujet un entretien qu'il eut avec la mere Angé lique, sa parente, et qui nous ouvre le fond de son cœur sur cette matière : « La raison la plus forte, ou du moins la plus spéc euse qu'il donnait en faveur de la signature était que la distinction du *droit* et du *fait* se faisait si naturellement qu'il n'y avait personne. pour peu éclairée qu'elie fût, qui ne la fît, et qu'ainsi la signature pure et simple ne tombait que sur le *droit* ; que, par conséquent, on ne pouvait. sans orgueil, refuser d'obéir aux supérieurs, et que le refus était une faute plus grande aux yeux de Dieu que celle qu'elle prétendait éviter de faire en signant. — Il avouait qu'au surplus, il condamnait le procédé des évêques dans l'exaction de la signature, qui était une entreprise contraire à la discipline ecclésiastique et à toute justice. — L'abbesse, de son côté, lui repré·

point d'appui dans le parti janséniste, il s'offrit, aidé de M. de Gondrin, l'archevêque de Sens, à la Cour de Rome et à la Cour de France pour pacifier l'Église et étouffer les dissidences qui menaçaient son unité.

L'abbé de Haute-Fontaine était, sur la question du Formulaire, de l'avis d'Arnauld et de Nicole. Il consentait à le signer, mais avec une restriction impliquant qu'il n'entendait pas condamner par là la doctrine de Saint-Augustin sur la Grâce. Du moins il demandait, de peur de surprise, qu'on marquât bien dans quel sens les fameuses Cinq Propositions étaient condamnées (1). L'évêque de Châlons qui était son ami, vint le trouver, et lui démontra que céder à son désir, ce serait rouvrir les débats théologiques qu'on avait pour but de clore ; qu'il devait se contenter de la déclaration formelle du pape, qu'il n'entendait pas

senta que cette raison, très plausible d'ailleurs, n'était pas de mise dans l'affaire présente ; qu'il était bien vrai que des personnes sages et pieuses comme l'évêque de Châlons prenaient ainsi la signature, mais que les personnes passionnées et déclarées contre la doctrine de Jansénius la prenaient autrement, dans le dessein qu'elles avaient de rendre cette doctrine odieuse, et de la faire condamner dans toute l'Eglise comme hérétique. » — Besoigne, *Histoire de Port Royal* tome V, pages 193 et suivantes.

(1) *Histoire manuscrite des Evêques de Châlons*, par l'abbé Gagney, à la bibliothèque de Vitry.

condamner la doctrine augustinienne de la Grâce ; et que, en signant ainsi, sur la foi de la parole pontificale, il resterait, comme auparavant, le disciple fidéle de Saint-Augustin. L'abbé Le Roi modifia alors ainsi le modéle de rétractation pur et simple qu'on lui demandait : « Je me soumets entièrement à la Constitution d'Innocent X qui condamne la doctrine de Jansénius ou de la grâce efficace par elle-même, mais je déclare que c'est une doctrine orthodoxe, et que je ne puis la condamner. » C'était, comme on le voit, souffler le froid et le chaud mais on était tellement affamé de paix, que le besoin de la signature et de la paix qui devait s'ensuivre faisait passer sur bien des subtilités. Félix Vialart accepta donc, fier d'avoir amené à composition le coryphée du Jansénisme dans son diocése. C'est sur cette équivoque que se fit dans toute la France cette fameuse signature. Les Jansénistes, par leurs restrictions mentales ne condamnaient en réalité rien. La Cour de Rome, de son côté, entendait condamner à la fois Jansénius, les cinq Propositions et la doctrine de la Grâce. On fit grand bruit de cet événement comme s'il se fût agi de l'extirpation des plus grosses hérésies. On en frappa des médailles. Les Jésuites firent circuler des gravures, où Jansénius, sous la figure du diable, était terrassé par les docteurs et les évêques. Arnauld fut reçu par le Roi ; et l'évêque de Châlons se vit déférer le nom qui devait lui être le plus cher, celui de *Prélat de la Paix*.

Quelque peu compromettante que fût cette signature pour la conscience de l'abbé Le Roi, elle lui a été beaucoup reprochée par les ardents et les intransigeants du parti. Les Jansénistes signataires étaient un peu considérés par leurs coréligionnaires comme les prêtres assermentés l'étaient, au moment de la Révolution, par le clergé réfractaire. Mais, outre que l'abbé de Haute-Fontaine pouvait s'autoriser de l'exemple d'Arnauld et de Nicole qui avaient signé comme lui, sa conduite rentrait bien dans son caractère. Il aimait trop son repos pour se livrer aux hasards de la révolte ; et, à ses yeux, il importait à son parti qu'il pût continuer à résider à Haute-Fontaine, qu'il avait converti en arsenal du Jansénisme, pour pouvoir, de là, foudroyer les ennemis de la foi. Néanmoins, il fut touché de remords plus tard, et annula sa déclaration (1). Les événements lui avaient ouvert les yeux, et il rougit de sa signature comme d'une concession, d'une humiliation inutiles, qui n'avaient pas plus procuré de paix au Jansénisme qu'elles n'en avaient procuré à l'Eglise.

Cette paix boîteuse ne laissa pas de donner quelque répit aux victimes de ces querelles théologiques. Arnauld et Nicole en profitèrent pour visiter les communautés réformées ou en voie de réforme, où l'esprit janséniste avait le plus pénétré. Ils allèrent d'abord à Clairvaux, pour visiter le tombeau de Saint-Bernard « et pour y demander l'esprit qui avait animé ce saint docteur de l'Eglise, et ce zélé défenseur de la grâce chrétienne, dont il avait éprouvé de si bonne heure la gratuité et l'efficacité (2) ». Ils vinrent enfin à Haute-Fontaine vers la fin de l'année 1668.

Ces deux athlètes du parti comptaient y trouver un peu de repos, mais il était difficile à des polémistes-nés comme eux, de

---

(1) *Histoire manuscrite des évèques de Châlons,* par l'abbé Gagney, à la bibliothèque de Vitry.
(2) *Vie de Nicole,* par l'abbé de Beaubrun.

n'avoir pas quelque ennemi à combàttre. L'une des idées favorites du parti Janséniste avait été de faire une traduction de la Bible en langue française « pour proportionner, disait Arnauld, les divines instructions à l'intelligence des ignorants et des simples. (1) » — « Les Huguenots, disait encore l'un d'eux (2) prétendent que l'Ecriture est très claire, et ils travaillent incessamment à l'expliquer : les Catholiques disent qu'elle est très-obscure, et jamais ils ne l'expliquent. » De l'aveu de ce Janséniste, une Traduction de la Bible était une entreprise quelque peu huguenote et l'Eglise ne s'y méprit point. Luther n'avait-il pas commencé sa révolte par une Traduction de la Bible en langue vulgaire ? Les Jansénistes avaient oublié qu'il ne faut jamais « vouloir lever le voile qui couvre le sanctuaire des lois (et des religions), qui ne sont jamais mieux que dans le silence (3) ». Lorsque donc Lemaistre de Saci, qui s'était chargé de ce travail, publia son élégante traduction de la Bible, qui parut en 1667 sous le nom

---

(1) Testament spirituel, chapitre VIII.
(2) L'abbé Le Camus, plus tard évêque de Grenoble.
(3) Pascal, *Pensées.*

de *Nouveau Testament de Mons*, et qu'on lit et qu'on goûte encore fort aujourd'hui, il n'y eut sortes de calomnies que les Jésuites et la Cour de Rome ne lançassent contre cet ouvrage, dangereux au point de vue de la vulgarisation des Ecritures et du sens qu'on peut leur prêter, mais fait avec une parfaite bonne foi. On accusait Lemaistre de Saci, et son inspirateur Arnauld, d'avoir imité les traductions de de Bèze et de Genève pour favoriser les erreurs des Calvinistes , d'avoir blessé la chasteté et étalé publiquement l'impudicité ; d'avoir donné de l'appui aux anciennes hérésies, telles que celles des Ariens et des Nestoriens (1), etc. L'homme qui se montra le plus violent dans ses attaques fut le *P. Maimbourg*, jésuite, qui prêcha contre dans une série de sermons à perdre haleine. Ils se donnait cyniquement lui-même pour *le bon chien de chasse qui fait lever le gibier*. Nicole lut les extraits de ces Sermons, qu'on lui envoya à Haute-Fontaine.

---

(1) Le Nouveau-Testament de Mons, qui fit fureur à la Cour et dans le public, était jugé favorablement par la majorité des prélats français. Bossuet trouvait seulement la traduction trop recherchée, trop polie et trop agréable. Il y eût voulu plus de vigueur, plus de simplicité et d'énergie, en un mot ce que lui seul eût pu y mettre.

« Arnauld et lui ne crurent pas devoir les laisser sans réponse. Ils profitèrent donc du loisir dont ils jouissaient pour exposer aux yeux du public l'injustice du déchaînement du P. Maimbourg contre une Traduction qui avait été revue avec tant de soin. Ils développèrent (dévoilèrent) l'esprit de ce Père, qui devint dans la suite historien aussi romanesque qu'il était alors Orateur peu discret. Ils firent voir l'injustice de ses calomnies, l'absurdité de ses raisonnements, le ridicule de ses prétendues preuves, et ils l'eussent couvert de honte, s'il eût été capable de rougir. Ils firent ces réponses avec tant de promptitude, que, s'ils eussent été sur les lieux, on en eût joui presque toujours dans l'intervalle d'un sermon à l'autre. Cette défense compose sept parties qui furent imprimées l'une après l'autre in-4ᵛ et que l'on a recueillies en 1669 in-8⁰ (1) ». Il est inutile de dire que cet ouvrage sortit des presses de Haute-Fontaine.

Un personnage, qui se fit alors une certaine célébrité par son ridicule, excita aussi

____

(1) *Vie de Nicole* par l'abbé Goujet, 1ʳᵉ partie, chapitre X, pages 199-200.

la verve de nos deux solitaires : c'était l'archevêque d'Embrun, La Feuillade. « Il revenait d'Espagne où il avait montré, comme négociateur, quelque habileté.... On racontait pourtant de lui des traits bien fort d'ignorance. On a dit qu'au retour de son ambassade de Venise. quand il fut nommé à celle d'Espagne. il voulait se rendre à son poste par Bruxelles ; il croyait que les Pays-Bas touchaient à Madrid. Revenant à la Cour au moment où l'on y parlait assez gaiement de ces questions théologiques, il le prit d'un ton très-haut avec le Jansénisme, se ressouvint trop qu'il avait été novice en sa jeunesse chez les Jésuites, et voulut *se faire de fête* comme on dit. Dans ce monde au tact si fin, il prêta à rire par sa suffisance et son manque de mesure..... Les Ordonnances qu'il publia pour défendre à ses diocésains de lire le *Nouveau Testament de Mons* ont été raillées comme elles le méritaient. On s'attachait, dans des *Dialogues satiriques*, à faire remarquer que l'ordonnance de l'archevêque d'Embrun. quoiqu'elle parût comme si elle avait été dressée à Embrun par le grand vicaire du Prélat, avait été néanmoins fabriquée à Paris ; qu'il était ridicule que M. d'Embrun eût affecté de faire un Mandement pour défendre à ses diocésains qui n'entendaient pas le français, mais seulement le patois du midi, de lire une Traduction française du Nouveau-Testament qui n'irait jamais jusqu'à eux ; que cela donnait lieu au monde de s'étonner que n'ayant jamais mis le pied dans son diocèse depuis qu'il en avait pris possession, ayant passé toute sa vie à la Cour, dans les ambassades, et arrivant de Madrid encore tout récemment, il ne se souvînt de ses diocésains que pour leur interdire la lecture de l'Evangile (1) ». On voit que l'esprit français ou gaulois reprenait ses droits. Il était, en effet, ridicule de s'attaquer au Jansénisme au moment où. par un ouvrage flatteur pour la gloire littéraire de la France et pour son renom à l'étranger. il acquérait une popularité de bon aloi, même à la Cour. On y fit des gorges chaudes. quand l'archevêque parut le lendemain au lever du Roi. Le prince de Condé surtout se divertit fort à ses dépens. « Comme l'on vint à parler de la Traduction du Nouveau Testament. M. Le Prince lui dit : « Avouez franchement que

____

(1) Sainte-Beuve, *Port-Royal*, livre V, pages 381-382.

vous l'avez condamnée sans l'avoir lue ». M.
d'Embrun soutint qu'il l'avait lue. — « Mais, lui
dit M. le Prince, vous n'entendez point le grec :
comment donc en avez-vous pu juger ? »....
Enfin M. d'Embrun entrant en mauvaise
humeur, dit que ce n'était pas aux gens du
monde à parler des affaires de l'Eglise, ni à
en juger ; qu'en Espagne on ne le souffrirait
point aux laïques. — « Non, dit M. le Prince
ce n'est pas à nous de juger de cela, mais
c'est à vous à vous mêler des intrigues de la
Cour et à quêter des ambassades ; et nous
n'y trouverons rien à y redire ! » Et, comme
le lendemain, à vêpres, M. le Prince s'étant
aperçu que M. le Duc lisait la requête de
Port-Royal contre les Ordonnances de l'archevêque, M. de Montausier le Nouveau-Testament de Mons, la maréchale de la Mothe,
gouvernante des enfants de France, les Heures
de Port-Royal, il se tourna vers M. d'Embrun,
et, levant les épaules, il lui dit, d'un ton que
tout le monde entendit : « Quel désordre !
M. d'Embrun ; ce n'est pas ici une Eglise,
c'est un sabbat. Mon fils lit la Requête, M.
de Montausier le Nouveau Testament de Mons,
et Mme de Lamothe les Heures de Port-Royal.

M. d'Embrun, tout est perdu ; ces gens-là sont excommuniés ; ils attireront la malédiction de Dieu sur nous ; la voûte de l'église tombera ; allons-nous en ! (1) ».

Arnauld et Nicole eurent le tort de prendre l'archevêque d'Embrun au sérieux. Ils lui firent l'honneur de le réfuter en détail dans un écrit intitulé *Requête de Monsieur d'Embrun avec des notes* daté de Haute-Fontaine du 1er mai 1668. Ils auraient dû se contenter de la justice que le bon sens public faisait des attaques de ce singulier archevêque.

Cet écrit leur attira un autre adversaire plus digne quoique non moins immodéré dans ses critiques, c'était le P. *Bouhours*, homme de beaucoup d'esprit mais d'un esprit quelque peu précieux, qui s'est fait connaître assez avantageusement dans la littérature de la fin du dix-septième siècle par ses *Entretiens d'Ariste et d'Eugène*. Ce Jésuite se mit en tête de défendre l'archevêque d'Embrun, et se prit même directement à l'abbé Le Roi, en répondant à une lettre que l'abbé de Haute-Fontaine

____

(1) *Relation de ce qui s'est passé dans la Paix de l'Église*, par Varet, grand-vicaire de M. de Gondrin, archevêque de Sens.

avait publiée *sur la Constance et le Courage qu'on doit avoir pour la vérité*. L'abbé Le Roi, bien en sûreté au fond de son abbaye, exhortait volontiers ses amis à la vaillance : il aimait à chanter des airs de bravoure sans bouger, comme les guerriers qu'on voit au théâtre. Le P. Bouhours, en critiquant sa Lettre, l'attaquait par son faible. Nicole crut devoir à son ami de le défendre. Il le fit par une lettre datée de Haute-Fontaine, le 22 juillet 1668. Il dut sans doute le regretter plus tard, quand il fut devenu lui-même la victime du zèle intempestif de l'abbé de Haute-Fontaine (1).

Les événements qui suivirent la conclusion de la Paix de l'Eglise, et les troubles causés à Port-Royal par l'étrange prétention de l'archevêque de Paris, Péréfixe, de faire signer le Formulaire aux Religieuses de l'abbaye, comme si ces filles eussent été des théologiennes et des doctoresses capables de lire et d'apprécier Jansénius, rappelèrent Arnauld et Nicole à Paris. Mais Nicole revint à Haute-Fontaine au mois d'Août de l'année 1669 « avec

____

(1) Voir, pour les détails de cette affaire, au chapitre suivant.

nous dit son biographe, quelques autres amis qui fréquentaient aussi cette solitude, et que le mérite personnel de M. Le Roi ne contribuait pas peu à y attirer. Ils y furent témoins le 18 de ce mois, d'un furieux orage qui s'éleva assez subitement, et qui renversa onze grands clochers dans le voisinage de cette abbaye et de Vitry-le-François. Il ébranla aussi plusieurs maisons, dépouilla la plupart des toits, et obligea les habitants à se renfermer, de peur qu'ils ne fussent exposés, en sortant, à une mort certaine. M. Nicole alla, dès le lendemain à Vitry, où il vit par lui-même le dommage que cet orage avait causé ; et, pendant deux jours qu'il demeura dans cette ville, chez M. Feydeau, qui y était alors curé, il ne put presque s'entretenir d'autre chose avec cet illustre ami si connu par ses exils et par ses excellents ouvrages. Il crut même qu'un événement qui lui avait paru si extraordinaire méritait d'être écrit ; et, pour en conserver le récit à la postérité, il le composa lui-même, et le fit imprimer à Châlons sous le nom de *Relation de l'Ouragan de Champagne* (1). »

____

(1) *Vie de Nicole*, par l'abbé Goujet, deuxième partie, pages 13-14.

Ce terrible ouragan dut, en effet, impressionner fort Nicole, qui était, nous dit encore son biographe, la timidité même, ce dont il convenait de la meilleure grâce du monde. Voici ce que disent du même cataclysme les Mémoires manuscrits de Matthieu Feydeau :

« Le Dimanche de la Mi-Août (1669), immédiatement après Vêpres, il s'éleva un orage si épouvantable qu'il jeta par terre onze grands clochers dans le voisinage (de Vitry) ; il ébranlait les maisons ; et, si on pensait sortir, il faisait voler une si grande quantité de tuiles, qu'on en était assommé. J'étais dans le chœur ; il tomba des pierres auprès de moi. Je m'en allai derrière le chœur, à la Chapelle du Saint-Sacrement, et il en tomba encore davantage. « M. Nicole, qui était à Haute-Fontaine vint le lendemain à Vitry. Il en a donné une Relation au public, qu'il a appelée l'*Ouragan de Champagne* (1). » Après cette alerte, les efforts des deux champions du Jansénisme se

---

(1) Cet ouragan fut, sans doute, une trombe semblable à celle qui ravagea, le 19 septembre 1874, les territoires de Montcetz, Mairy, Sogny, Chepy et Courtisols, et à celle qui ravagea la commune et le ban d'Heiltz-le-Maurupt, en 1876. Il serait curieux de rechercher les causes pour lesquelles notre région a été particulièrement visitée, en tous temps, par de semblables météores. — Nous n'avons pu retrouver l'Opuscule de Nicole relatif à cet ouragan.

portèrent sur la grande affaire du *Nouveau-Testament* de Mons.

Il y avait, chez les coryphées du Jansénisme, comme un mot d'ordre que la Paix de l'Eglise devait se faire aux frais des Protestants. On ne se faisait pas faute, dans les hautes régions de l'Eglise officielle, de confondre huguenots et jansénistes, d'appeler ces derniers des Calvinistes honteux et dissimulés. Aucun reproche ne leur tenait plus à cœur, eux qui protestaient jusqu'à leur dernier souffle de leur titre de catholiques, de leur union filiale avec l'Eglise. Ceux qui leur montraient plus de bienveillance désiraient au moins que leur ardeur de polémique et leur talent d'écrire s'exerçassent au profit de l'Eglise contre les hérétiques, et les avis ne leur manquèrent pas pour les pousser dans ce sens. Ce serait, disait-on, sceller leur réconciliation avec l'Eglise, et montrer hautement qu'ils étaient ses enfants. Arnauld et Nicole prirent donc à cœur de montrer les points qui mettaient entre les Protestants et eux un abîme. Le principal, c'était la manière d'entendre le dogme de l'Eucharistie.

Nicole résolut de profiter de ses loisirs à

Haute-Fontaine, du secours que lui offraient la belle bibliothèque et les presses de l'abbé Le Roi pour faire un grand ouvrage qui confondrait les Protestants et convaincrait le monde de la parfaite catholicité du Jansénisme. C'est l'ouvrage de la *Perpétuité de la Foi de l'Eglise catholique touchant l'Eucharistie*, qui parut dans les années 1669, 1670 et 1671, qu'on a attribué longtemps à Arnauld, mais qui est effectivement de Nicole (1).

Les ministres protestants, et le grand Claude en particulier, avaient fait toutes sortes d'écrits pour démontrer que la croyance de l'Eglise avait varié sur le dogme de l'Eucharistie dans le cours des siècles. Ils retournaient ainsi contre le catholicisme le reproche d'instabilité que Bossuet devait lancer plus tard contre les dissidents dans son grand Ouvrage des *Variations des Eglises protestantes*. Nicole essaya de prouver au contraire que la foi de l'Eglise catholique et même des Eglises schismatiques d'Orient avait toujours été constante sur le dogme de la présence réelle de J.-C. dans

---

(1) Arnauld y collabora en envoyant de Paris à Nicole des attestations et des témoignages des Eglises d'Orient sur la foi de ces Eglises touchant la présence réelle de J.-C. dans l'Eucharistie.

l'Eucharistie, et qu'elle n'eût pu changer sur ce point fondamental sans que tout le Christianisme en eût été ébranlé.

Les ministres protestants avaient la partie belle. Ils répondirent, avec assez de raison, aux Jansénistes, que l'Eglise qui, de leur aveu, avait manqué de constance touchant le dogme de la grâce, pouvait bien en avoir manqué sur le dogme de la transsubstantiation. Mais ils ne se bornaient pas à cet argument de pure chicane. Ils remontaient aux sources, et prétendaient prouver, l'histoire en main, que les Eglises primitives d'Orient, dépositaires les plus fidèles de la tradition, n'avaient jamais admis la présence réelle de J.-C. dans l'Eucharistie. Cette réponse (1) des protestants causa une grande fermentation, au point que quelques évêques de France, plus avisés que les docteurs, se plaignirent de ce qu'on avait compromis, selon eux l'Eglise, en donnant lieu à cet ouvrage. Mais la fusée était partie, il fallait l'éteindre. On fit venir des attestations des Patriarches d'Orient. Le consul de

---

(1) Réponse de M. Claude au livre de M. Arnauld (on le croyait de lui, et il parut sous son nom) sur la *Perpétuité*, etc. Quevilly, in-4° 1670.

France à Alep fut chargé de se transformer passagèrement en théologien et de fouiller les archives des couvents. Il s'ensuivit une guerre de plume, des répliques suivies de ripostes, dans lesquelles les deux parties s'attribuèrent la victoire, et qui n'aboutirent à rien qu'à faire voir que ce qu'on appelle en religion la *tradition* est chose très-peu sûre, et peut donner lieu à bien des sortes d'interprétations. Les philosophes, au siècle suivant, dans leurs attaques contre les religions, n'eurent qu'à suivre la voie ouverte par ces défenseurs trop curieux des questions dogmatiques.

Les Jansénistes se félicitèrent pourtant d'un beau succès dans cette guerre théologique : nous voulons parler de la conversion de Turenne, qui se fit peu après l'apparition du livre de la *Perpétuité*. C'est l'évêque de Châlons, grand admirateur de cet ouvrage, et ami du maréchal, qui disaient-ils, l'avait décidé à abjurer, après une lecture approfondie du livre de Nicole. Les admirateurs de Bossuet de leur côté, attribuent cette conversion aux exhortations du grand évêque. La conquête était trop belle pour l'Eglise, pour que, de tous côtés, on ne s'en fît pas honneur

La controverse soulevée par Nicole causa une grande agitation en Champagne où les doctrines de la Réforme avaient fait de nombreux prosélytes. La communauté huguenote de Châlons possédait alors un ministre qui a laissé un certain nom dans l'histoire des Eglises réformées, et qui passait pour l'un des pasteurs les plus distingués du synode d'Ile-de-France. C'était *Edme Aubertin*, né à Châlons en 1595, et, quoique déjà vieux à cette époque, encore très ardent et passionné pour la gloire de son Eglise. Il n'hésita pas, quand le livre sur la *Perpétuité* parut, à entrer en lice avec Nicole, contre lequel il composa son *Traité de l'Eucharistie dans l'ancienne Eglise*. Il n'est pas nécessaire de dire que, dans cet ouvrage, Aubertin prétendait que les Calvinistes seuls avaient conservé fidèlement le dépôt de la tradition. Nicole crut devoir le réfuter, mais par des raisonnements condamnant implicitement tout le mouvement janséniste qui n'était qu'une revendication contre les variations de l'Eglise sur certains points capitaux du dogme. Aubertin ne se fit pas faute de mettre au grand jour cette inconséquence qui prouvait combien il était délicat, pour des demi-hérétiques, des demi-révoltés, de se faire les Champions de l'Eglise officielle.

Ce qu'il faut admirer, dans cette grosse polémique, c'est la courtoisie dont les principaux combattants ne se départirent pas un seul moment, quoique les passions fussent singulièrement surexcitées. Nous sommes bien loin aujourd'hui de ce tact et de cette décence, auxquels Arnauld et Nicole rendirent honneur, et qu'ils observèrent pleinement de leur côté. On donnait des raisons tant qu'on voulait. On en donnait même trop, immodérément, on ergotait indéfiniment ; mais, dans le monde janséniste, on n'oubliait jamais qu'on était homme de bonne compagnie. A Vitry, ville partagée entre catholiques et huguenots, le curé et les ministres protestants se faisaient visite. « Je fus voir M. Varnier, ministre, nous dit Matthieu Feydeau dans ses Mémoires et il me vint voir ; et tout se passa avec beaucoup d'honnêteté, sauf à chacun de bien défendre son parti. »

Il est triste de dire que, du côté des Jésuites et de leur cabale, les mêmes formes ne furent point observées, ce qui paraît singulier

quand on songe que les Jansénistes donnaient
à ce moment-là des gages à leurs ennemis,
et se montraient, comme on dit vulgairement
« plus catholiques que le Pape. ». Mais l'esprit de parti est toujours et partout le même.
Loin de soutenir les Jansénistes, les Jésuites
applaudirent aux réponses des Huguenots ;
ils les firent vendre publiquement par un
libraire catholique de leurs amis. « Le P. Annat,
écrivait alors M. de Pontchâteau, (1) a dit, en
embrassant avec joie un Calviniste, ces propres
paroles : « Vous avez bien frotté les Jansénistes. Je suis marri qu'ils soient unis avec
nous sur ce point ; mais si vous vouliez revenir avec nous sur celui-là, nous les accable-
rions sur les autres. »

Il s'ourdit alors contre le pauvre Arnauld,
qu'on croyait l'auteur du livre de la *Perpétuité*, une autre intrigue fort singulière, dont
les fils se nouèrent à l'abbaye de Haute-Fontaine. Voici comment la raconte l'abbé Goujet
dans sa *Vie de Nicole :* « C'était, nous dit-il,
un aventurier, du nom de Beauchâteau, fils
d'un comédien de Paris, et d'une mère qui

---

(1) Célèbre janséniste que nous apprendrons à connaître plus loin.

avait aussi de grands talents pour la comédie (Racine eut quelque commerce avec elle, et lui envoyait des billets galants). On ne peut nier qu'il n'eût beaucoup d'esprit. Dès l'âge de sept ou huit ans, il parlait plusieurs langues, et composait des vers français avec facilité et presque sur-le-champ. Il n'en avait que onze quand il publia un recueil de ses Poésies intitulé *La lyre du jeune Apollon ou la Muse naissante du petit de Beauchâteau*. Quand ce jeune auteur fut arrivé à l'âge où l'on pense à se choisir un genre de vie conforme à ses inclinations, il se détermina à l'état ecclésiastique, et, pour s'avancer plus sûrement et plus promptement, il forma le dessein d'être prédicateur. Quelqu'un lui ayant dit que M. l'abbé Le Roi pourrait lui être utile, il alla le trouver à Haute-Fontaine. Il y fut reçu avec bonté : mais M. Le Roi, qui le connaissait assez pour savoir qu'il avait plus besoin de faire pénitence que de la prêcher aux autres, tâcha de lui persuader de choisir plutôt un parti où il pût vivre dans la retraite et dans le silence. On ne sait si ce jeune homme fut touché ou feignit de l'être : ce qui est sûr, c'est qu'il témoigna qu'il voulait se retirer à la Trappe, et qu'il en prit le chemin (1) ; mais il parut par la suite qu'il jouait la comédie. Il resta peu à la Trappe, et, étant passé à Londres, il y prit un nom d'importance, et s'appela de *Luzanci*. Il dit qu'il était frère de M. de Pomponne ; il assura de plus qu'il était docteur de Sorbonne, et fort connu de MM. de Port-Royal. Il dit encore qu'il avait travaillé au livre de la *Perpétuité* avec M. Arnauld son oncle, car il savait que ce célèbre ouvrage passait, en Angleterre comme en France, sous le nom de ce grand homme. Mais il ajouta qu'il avait reconnu, dans cette occasion, que ce Docteur agissait de mauvaise foi et contre sa conscience, et qu'il avait résolu de se séparer d'une Eglise qui n'était soutenue, continuait-il, que par la duplicité et le mensonge. Comme il n'y a pas de fourbes qui ne trouvent des dupes, le nouveau *Luzanci* réussit

(1) Avant d'aller à la Trappe, il se rendit à Paris où il se lança dans toutes sortes d'excès. Il se lia avec une femme mariée, et s'esquiva un beau jour en lui volant tous ses bijoux. Voyageant un jour a côté d'une dame, il trouva moyen de lui escamoter l'argent de son voyage. C'est à la suite de ces beaux exploits qu'il s'adressa à l'abbé Le Roi pour entrer à la Trappe. M. Le Roi l'adressa à M. de Pontchâteau qui lui en facilita les moyens. Mais il n'y resta pas longtemps. A sa sortie, il eut encore l'audace de solliciter la bienveillance de M. Le Roi. Mais l'abbé de Haute-Fontaine, tout bon qu'il était, l'envoya cette fois promener.

si bien, qu'on le pria d'accepter une chanoinie
en attendant qu'on pût récompenser son mérite
par quelque évêché. Cependant on sut bientôt
à Paris qu'un docteur Luzanci, frère de M.
de Pomponne et neveu du grand Arnauld,
avait paru à Londres. Les vrais *Luzancis* en
furent informés. M. Nicole l'apprit comme les
autres. On rechercha quel était ce personnage
et on le découvrit enfin. Les Anglais ne man-
quérent pas aussi d'être informés des artifices
de leur nouveau prosélyte, mais ils excusérent
son crime, et louérent son adresse. On fut
plus sévère en France. On blâma l'imposteur
et ses calomnies. Mais ni M. Nicole, ni M.
Arnauld ne crurent devoir y répondre. Elles
étaient trop grossières pour en imposer, et le
calomniateur ne méritait pas qu'on lui fît
l'honneur de le réfuter. On n'est pas certain
de ce qu'il devint dans la suite. Les uns prétendent qu'il passa en Perse, et que l'on n'en
eut plus de nouvelles depuis. Les autres assu-
rent qu'il mourut Calviniste et Ministre de
quelque Eglise de cette secte (1). »

Telle fut la fin de cet aventurier. Mais l'*His-*

---

(1) *Vie de Nicole* par l'abbé Goujet, deuxième partie,
pages 37 et suivantes.

toire de Port-Royal, de Besoigne nous donne
sur lui d'autres détails qui prouvent qu'il ne
songea pas seulement à compromettre Arnauld.
Les Récollets de Vitry, que nous apprendrons
à connaître plus loin, s'en servirent pour décrier Félix Vialart, l'évêque de Châlons, et
voici comment : Ce Beauchâteau avait été
régent de rhétorique au collége de Vitry. Il
était de la Congrégation des Frères de la
doctrine chrétienne. Cette congrégation avait
une branche en Italie qu'on appelait les *Sommasques*, espéce de Clercs réguliers qui avaient
à peu prés le même objet dans leur institut
que les *Doctrinaires* de France. Or il vint
dans l'idée des Sommasques que les doctrinaires français relevaient de leur juridiction.
Il en résulta, en 1673, un procés entre les
deux Congrégations sœurs. Les doctrinaires,
qui plaidaient pour leur indépendance, gagné-
rent leur procés. Il nous semble aujourd'hui
indifférent que les Sommasques ou les Doctrinaires eussent raison. Mais, dans cette question
perçait l'éternel antagonisme entre le gallicanisme ou le jansénisme et l'ultramontanisme.
M. de Harlay, l'archevêque de Paris, qui était
alors ultramontain parceque la Cour l'était,

soutint les prétentions des Sommasques, et exila les Doctrinaires de son diocèse. L'évêque de Châlons, qui était gallican, recueillit les exilés, et leur confia la direction de son séminaire. C'est de là que sortait Beauchâteau avant ses aventures. Quand les Récollets virent que l'ancien protégé de M. Vialart s'était fait calviniste, ils publièrent partout que l'évêque de Châlons était intérieurement calviniste, et qu'il avait débauché de Vitry ceux des doctrinaires auxquels il avait confié son séminaire pour leur faire embrasser comme lui la doctrine de Calvin. « Voilà, conclut Besoigne, l'histoire dont les Récollets et autres ennemis de M. de Châlons tiraient avantage pour lui insulter. Ils ne jouirent pas longtemps de leur insolent triomphe. Pareille aventure arriva chez eux. L'un d'eux alla aussi en Angleterre, et apostasia ainsi que Beauchâteau (1) ».

(1) *Histoire de Port-Royal*, de Besoigne, tome V. Sommaire de la vie de M. Feydeau.

CHAPITRE TROISIÈME

Sommaire.

Continuation des projets de réforme de l'abbé Le Roi. — Son voyage à la Trappe. — La question des *fictions*. — Controverse soulevée à ce sujet. — Intervention de Bossuet et ses rapports avec l'abbé Le Roi. — M. Treuvé à Haute-Fontaine. — Il quitte cette abbaye et le Jansénisme. — Quelques mots sur la mission de M. Feydeau à Vitry.

Les séjours d'Arnauld et de Nicole à Haute-Fontaine, et le grand ouvrage qu'ils y préparèrent de concert avec l'abbé Le Roi, firent un moment trève aux projets de réforme que ce dernier méditait toujours sans pouvoir arriver à l'application. Dès que ces illustres hôtes eurent quitté l'abbaye pour se rejeter dans tous les hasards de la lutte et de la vie errante, l'abbé de Haute-Fontaine se mit en route pour la Trappe. Il voulait étudier sur les lieux mêmes l'œuvre grandiose de son ami, l'abbé de Rancé, qui frappait alors toutes les imaginations. Il y retrouva son ancien prieur, Dom Rigobert qui secondait dignement Rancé dans ses œuvres d'ascétisme. Mais il n'y fut pas sitôt arrivé que des dissentiments provenant de la différence des caractéres de l'abbé de la Trappe et de notre abbé, se manifestèrent pour aboutir enfin à un éclat qui mérite de rester dans les fastes de l'histoire religieuse.

L'abbé de Rancé avait, sur la vie du cloître, des idées qu'il est difficile de mesurer à la balance de notre bon sens vulgaire et mondain. Il prenait la vie monastique à sa source c'est-à-dire dans les déserts de la Thébaïde, et, faisant bon marché de tous les amendements que les grands Réformateurs des Ordres religieux, les Saint-Benoît, les Saint-Bernard et autres, y avaient ajoutés dans le cours des siécle, pour l'accommoder aux besoins des différentes époques, il revenait hardiment à l'antiquité. C'est là qu'il cherchait ses modéles. Ses moines devaient être des solitaires, des contemplatifs, comme les Moines de l'Orient. et non des Moines utiles au monde, payant leur tribut à la société, comme les Moines de Cîteaux. Mais, par là-même qu'il les re-

tranchait plus absolument du monde, de ses
œuvres, de ses agitations et de ses travaux,
il comprit la nécessité de troubler quelque
peu la douce quiétude où une pareille vie
de détachement eût pu les mener, par quelque chose qui ressemblât aux épines du monde
qui nous piquent tous plus ou moins, dans
quelque condition que nous soyons, et qui
nous rendent quelquefois la société des hommes
si amère . C'est notre amour-propre froissé
à chaque instant ; ce sont des mauvais pro-
cédés, l'ingratitude de nos amis, les attaques
de nos ennemis, les retours de faveur, les revers de fortune, etc. Il fallait donc, disait-il
mortifier ceux qui s'étaient affranchis de tant
de causes de mortifications et d'humiliations,
et les mortifier artificiellement, à chaque instant, sans sujet, les reprendre quand ils faisaient bien, les railler quand ils ne donnaient
aucune prise à la raillerie, de peur que le
démon de l'orgueil, qui nous assiége sans
cesse, n'étant plus contenu par ces causes
constantes d'humilité, n'envahît à la fin tout
leur être. « Les gens qui sont dans le siécle,
disait Rancé, acquièrent l'humilité par d'autres
voies que celles des mortifications religieuses....

Dieu prend un soin particulier de les exercer par mille autres sortes de mortifications proportionnées à leur état, par des affaires factieuses, des pertes de biens, des embarras domestiques, des revers de fortune, par l'infidélité de leurs amis, par l'ingratitude de ceux qu'ils ont comblés de bienfaits, par des injures, par des outrages ; enfin les hommes avec lesquels ils passent leur vie sont des instruments dont Dieu se sert pour les humilier, et ils ont souvent plus de mortifications à souffrir dans le milieu du monde , et dans un seul instant, qu'il n'en peut arriver à un moine dans la retraite pendant tout le cours de sa vie. Les Monastères sont des abris et des ports.... Les Solitaires vivent à couvert des tempêtes et des agitations du siècle. La séparation même qu'ils gardent entre eux par la règle du silence, empêche jusqu'aux moindres émotions, et fait que leur tranquillité n'est jamais troublée.... Ainsi leur condition serait bien malheureuse, si un Supérieur, par une disposition charitable, n'avait une application particulière à leur procurer, par toutes sortes de mortifications et d'humiliations qu'il juge les plus utiles et les plus convenables, ce que

Dieu opère dans les gens du monde par les diverses rencontres que nous venons de remarquer. »

Ce sont ces humiliations artificielles, sans sujet et sans cause, et reposant sur un mensonge salutaire, qu'on appelait, dans le style ascétique, des *fictions*.

La mise en pratique de ces fictions froissa les sentiments humains et charitables de l'abbé Le Roi, dès son arrivée à la Trappe. Il s'en ouvrit à l'abbé de Rancé et à Dom Rigobert, et ne leur dissimula pas ce qu'il trouvait d'excessif dans cette sorte de châtiments faits à froid et sans aucun sujet. Il n'était point, disait-il, opposé aux mortifications raisonnables, sérieuses, et fondées sur quelque faute. Les hommes les plus parfaits en font toujours assez pour qu'on trouve des sujets de les humilier. Mais c'était, à son avis, blesser la charité que de voir des défauts là où il n'y en avait pas. Il ajoutait qu'il lui semblait difficile qu'un homme injustement repris tirât de cette injustice, quelque bien calculée qu'elle pût être, le profit qu'on en espérait. Il pouvait en résulter un dépit renfermé, qui entretiendrait le sentiment de l'orgueil plutôt qu'il ne l'éteindrait. Enfin il prétendait que la pratique de ces fictions fournissait au monde un argument spécieux pour alléguer l'inutilité de la vie monastique, puisqu'il nous procurait naturellement tous les moyens de nous humilier et de nous mortifier, qu'on était forcé d'inventer dans les cloîtres.

L'abbé de Rancé et son prieur objectaient que la profession monastique, telle que les Saints l'ont proposée, devait être un *crucifiement continuel*, et que c'était étrangement s'abuser que de croire qu'un homme quelconque ne pût trouver en lui-même quelque bonne raison pour être humilié à chaque instant ; qu'il faudrait pour cela que nous fussions des anges ; et que tant que nous n'aurons ni la mortification du Crucifié, ni la sainteté des apôtres, il ne sera nullement besoin de recourir aux fictions et aux mensonges ; que les moyens de mortification, s'offraient donc naturellement, et qu'il suffisait d'en profiter et de ne pas les négliger. Ils ajoutaient que si, en bonne régle, la charité chrétienne exigeait que nous fussions indulgents pour les défauts et les manquements de nos proches, elle exigeait quelquefois que, pour leur bien, on se montrât sévère et impitoyable.

« Quand il se trouve, disaient-ils, qu'il y a plus de charité à interpréter les choses contre ceux qui les font, et que cette interprétation tourne à leur avantage et au bien des autres, non seulement il n'y a nul inconvénient à le faire, mais c'est même une conduite pleine de charité d'en user de la sorte...... L'humiliation que l'on fait souffrir à celui que l'on reprend empêche qu'il ne tombe dans ces complaisances qui naissent dans les meilleures actions, et en détruisent ou au moins en diminuent le mérite devant Dieu (1). »

Ainsi se dessinaient, entre ces deux illustres champions, les principales différences entre l'esprit janséniste et l'esprit ascétique proprement dit. Le Jansénisme, dans ses idées de réforme, ne voulait pas aller au delà de la règle de Saint-Benoît, c'est-à-dire l'abstinence, le silence et le travail. Même dans ses plus grandes mortifications, il y avait un certain besoin de logique, et le bon sens ne perdait jamais absolument ses droits (je parle de la belle époque du Jansénisme). Les Jansénistes

____

(1) Nous donnons ici, en substance, les principales raisons alléguées d'un côté et de l'autre, soit dans les conversations, soit par lettres.

voulaient bien s'humilier, et certains d'entre
eux ont poussé les humiliations à un point
incroyable, mais il leur répugnait d'humilier
les autres. Ils avaient le respect de la personne humaine. C'était une secte aristocratique
au premier chef, et l'idée que leur petit troupeau se composait des élus de la grâce divine
leur donnait un certain orgueil qui paraissait
même au milieu de leur plus grandes mortifications. Leurs pénitences avaient grand air,
et ils avaient une manière de s'abaisser qui
montrait la différence qu'ils faisaient entre
eux et les autres Chrétiens. L'abbé de Rancé,
au contraire, voulait mortifier l'esprit aussi
bien que les sens ; sa raison à lui, c'est ce
qui froissait la raison : la vie monastique,
selon lui, c'était l'anéantissement de l'homme.
Il s'autorisait aussi de Saint-Benoît, mais il
prétendait que sa règle avait été faussée, et
que les Jansénistes qui dissertaient sur elle à
perte de vue, la comprenaient mal et ne pouvaient songer à la restaurer dans toute sa
vérité ; que les Bénédictins devaient être,
comme les grands Moines de l'antiquité, des
gens morts au monde et absolument détachés
de ses soins et de ses œuvres ; que les béné-

dictins savants et érudits étaient des moines abâtardis, et les études monastiques des amusements puérils et dangereux (1) ; que le seul travail permis à des religieux était celui qui mortifiait la chair et confondait les sens. Voilà les idées de celui qu'on a appelé le *dernier des Moines*, et c'est ce qui fait de lui le plus grand révolutionnaire, en religion, du dix-septième siècle.

L'abbé de Rancé ne convainquit donc pas son hôte, mais il le flatta en ce sens qu'il lui fournit un sujet de ces grandes Dissertation qu'il aimait tant et dans lesquelles son esprit subtil excellait ; et, comme cette questions des humiliations était, selon l'abbé de la Trappe, la pierre de touche de la vie monastique, il ne fut pas fâché qu'elle fut étudiée à fond, et qu'elle fût soumise au jugement du monde. L'abbé Le Roi comprit à demi-mot le désir de Rancé. Dans un voyage

---

(1) Cette critique visait surtout la Congrégation de Saint-Maur, fondée par dom Didier de la Cour (voir plus haut au chapitre premier). C'est ce qui donna lieu à une grande polémique entre Rancé et le P. Mabillon et plus tard Nicole, qui défendirent les études monastiques avec chaleur, et montrèrent éloquemment tout ce que la science humaine devait aux Bénédictins.

qu'il fit à Port-Royal, au sortir de la Trappe;
il en parla à la Mère Angélique ; il en entre-
tint à Paris, Nicole, et la conclusion de celui-
ci fut : « Je ne sais si le temps n'est point
venu de dire à M. de la Trappe ce que l'on
pense là-dessus ». (1)

Rentré à Haute-Fontaine, notre abbé commençait une correspondance active avec la
Trappe au sujet des *fictions*, en même temps
qu'il composait une *Dissertation sur le sujet
des humiliations et autres pratiques qui en
dépendent*. Sitôt qu'elle fut achevée, il l'envoya
à Rancé ; mais ce qui prouve combien la
moindre contradiction, qu'on reconnaît injuste
est amère à notre amour-propre, cet homme
si austère, et si attentif à froisser, dans ses
subordonnés, tout respect humain, en fut intérieurement dépité. L'homme reparaît toujours
par quelque endroit. « Lorsqu'il eut reçu cette
Dissertation, nous dit Sainte-Beuve, l'abbé de
Rancé fut plus bref et plus sec dans ses
lettres. Il se contenta de marquer ses réserves
sans entrer dans la discussion qu'on aurait
désirée. Il en résulta pendant plusieurs années

____

(1) Sainte-Beuve, *Port-Royal*, livre IV, page 54.

une espèce de correspondance boîteuse entre
lui et M. Le Roi, celui-ci se répandant en
lettres abondantes, protestant de son respect,
de sa vénération pour le grand Abbé, de son
pur zèle en cette affaire, où il n'était entré,
disait-il, qu'avec un cœur simple et sincère,
in simplicitate cordis et sinceritate Dei, et se
plaignant avec douleur d'avoir perdu ou re-
froidi une amitié si précieuse, et dont il se
tenait si fort honoré. M. de Rancé, ou ne répondait pas, ou ne répondait qu'en ne touchant pas la corde essentielle. Nous ne sommes point dans le secret de ses jugements ;
peut-être il jugea que M. Le Roi était de ces
gens qui méditent toujours la grande réforme
et qui n'en finissent jamais. Et puis, il avait
pris un parti qui est le plus sûr pour apaiser
ses propres pensées : il avait déchargé sur le
papier ses raisons et réponses, afin de n'avoir
plus à s'en occuper dorénavant (1) ».

Il envoya cette réponse confidentielle à l'évêque de Châlons, Félix Vialart, qui était son
ami, et qui partageait assez ses vues dans les
idées de réforme qui couraient alors le monde
religieux. Une fois son cœur déchargé sur

____

(1) Saint-Beuve, *Port-Royal*, livre IV, page 56.

ce sujet, il resta absolument froid à toutes les sollicitations de l'abbé de Haute-Fontaine, trouvant que, pour des hommes d'austérité et de silence, on avait déjà perdu trop de temps à cette affaire.

Cependant, au commencement de l'année 1677, on vit paraître, dans le public, un écrit intitulé : *Lettre d'un abbé régulier sur le sujet des Humiliations et autres Pratiques de religion.* La réponse de Rancé avait été livrée à l'impression par l'indiscrétion de quelque ami. Sitôt qu'il en fut informé, l'abbé de la Trappe écrivit à M. Le Roi pour lui en témoigner son chagrin, l'assurant qu'il n'y avait d'autre faute de sa part que d'avoir communiqué la pièce à une personne qui n'avait pas été fidèle. Mais en même temps, il laissait entendre à ses familiers qu'il n'était pas trop fâché de cette publication.

La Réponse était d'une rudesse tout évangélique. Rancé était conséquent avec lui-même ; il humiliait le pauvre M. Le Roi comme il humiliait ses Religieux. L'abbé de Haute-Fontaine ne s'en consola pas. « et l'on ne saurait, en effet, s'empêcher de plaindre cet honnête homme sur qui, au moment où il y pensait le moins, la grande parole du nouveau Jérôme tombait d'en haut retentissante comme les cataractes du désert (1) ».

Cette Lettre reproduisait, en style superbe, les arguments que nous avons cités plus haut. Il y a des passages d'une grande beauté, tels que celui-ci : « Le cœur de tous les hommes est un champ d'une fécondité surprenante pour les mauvaises choses. L'orgueil y a jeté de profondes racines ; elles s'y trouvent presque partout, quoique souvent elles soient imperceptibles ; quelque bonne que soit la semence que vous y avez jetée, ne vous y fiez pas : pour peu que celui qui doit cultiver ce champ lui refuse son travail et le secours de sa main, il ne sera pas longtemps à se couvrir de ronces et d'épines ; et il arrivera qu'un Solitaire, dont la vie n'aura point été exercée par ces saintes pratiques de mortification, la passera tout entière dans une fausse sécurité, et sera, dans sa cellule, selon les paroles d'un grand Saint, *bouffi d'orgueil et de présomption, comme un Dragon enflé de son venin dans sa caverne.*

« Enfin, Monsieur, l'orgueil, qui est justement ce qu'il y a de plus opposé à la condi-

---

(1) Sainte-Beuve, *Port-Royal*, ibidem, page 57.

tion du Moine, est une enflure qui ne guérit
point si elle n'est piquée ; et, comme la matière
n'en tarit jamais entièrement, il se forme incessamment de nouvelles tumeurs, auxquelles,
quoiqu'on puisse dire, on ne peut guère remédier qu'en se servant de la pointe des humiliations. Mais ce qui fait qu'elles sont presque
toujours nécessaires, c'est que le mal renaît
dans tous les temps et dans tous les âges, et
que, bien loin d'épargner ni la vieillesse ni la
vertu, il n'est jamais plus à craindre que lorsqu'elle est plus parfaite ; et c'est pour cela
que le *Démon de l'orgueil se réjouit lorsqu'il
voit multiplier les vertus.*

« Cet usage (des humiliations) est donc très
saint, très utile et très nécessaire....... »

Mais le passage le plus écrasant pour le
pauvre M. Le Roi, c'est celui où Rancé, le
prenant à partie de ce qu'il traitait légèrement
les Saints-Pères de l'Orient, les grands Saints de
la Thébaïde, lui jette cette apostrophe virulente :

« En vérité, vous renversez Sinaï de fond
en comble, vous ravagez toute la sainteté de
la Thébaïde, et vous faites plus de désordre
dans *Nitrie* et dans *Scété* (1) par quatre traits

---

(1) Solitudes fameuses de la Basse-Égypte.

de plume, que les Barbares par toutes leurs incursions. »

En lisant ce formidable arrêt, l'abbé de Haute-Fontaine fut atterré. C'était là une *fiction*, dans le sens le plus cruel de mot. « Dieu me garde, écrivait-il en apostille à ce passage, Dieu me garde d'avoir fait ce crime ! Et il est impossible que j'y sois tombé, m'étant précisément borné à ne combattre que les *fictions* et que ce qui serait des actions violentes de colére sans aucun sujet. »

On peut juger du bruit que fit cette Lettre de Rancé, quand on songe à la grande réputation où était l'Abbé de la Trappe, et à l'attente extrême qu'inspirait tout ce qu'on annonçait de lui. M. Le Roi ne crut pas devoir rester sous le coup de cette condamnation sans exposer au public ses vrais sentiments sur cette question, qui, jusque-là, étaient demeurés secrets entre Rancé et lui. C'est ce qu'il fit par un *Eclaircissement*, qui était un petit récit de toute cette affaire, et qui fut communiqué aux amis, à l'abbé de la Trappe lui-même, et qui courut sans être imprimé. « La plupart des personnes qui le lurent firent dire à l'honnête

homme mortifié combien elles en étaient satis-
faites. Ce fut tout un chapelet de condoléances :
Arnauld, Nicole, Mme de Longueville, Mlle de
Vertus, le duc de Montausier, Jacques Boileau,
doyen de Sens et frère du poète.... (1) » Indé-
pendamment des attaches de parti, les Jansénistes, qui ne voyaient rien au delà de la régle
de Saint-Benoît et des réformes de Dom Didier
de la Cour, furent de cœur avec l'abbé de
Haute-Fontaine. Les plus austéres de la secte
firent pourtant quelques réserves. Hors du parti,
l'abbé Le Roi eut pour lui les ecclésiastiques
doux, polis, tolérants, tels que Fléchier et Godeau. Le monde religieux se partagea sur cette
affaire. Mais le grand juge, celui qui dit, pour
clore ce débat, le mot décisif et sans appel, ce
fut Bossuet :

« Monsieur, écrit-il à l'abbé Le Roi à la date
du 10 Août 1677, je ne sais par quel accident
il est arrivé que j'aie reçu votre Ecrit sur la
Lettre de M. l'abbé de la Trappe plus tard
que vous ne l'aviez ordonné. Il m'a enfin été
remis ; et j'ai été fort édifié des sentiments
d'humilité, de charité et de modestie que Dieu
vous a inspirés en cette occasion.

____

(1) Sainte-Beuve, *ibidem*, page 63.

« Je reconnais avec vous qu'on ne peut vous condamner sans avoir vu la Dissertation qui a donné lieu à la Lettre ; et ceux qui ne l'on pas vue, n'ayant aucune raison de vous blâmer doivent présumer pour votre innocence.

« Sans juger ce qu'il y a ici de personnel, il y a sujet de louer Dieu de ce que vous et M. l'abbé êtes d'accord dans le fond, puisqu'il convient que les corrections fondées sur le mensonge n'ont point lieu parmi les Chrétiens, et que vous avouez aussi qu'on ne peut avec raison rejeter celles qui se fondent sur des fautes présumées par quelque apparence.

« Ainsi la vérité ne souffre point dans votre contestation, et il me semble aussi, Monsieur, jusqu'ici que la charité n'y est point blessée.

« Si M. l'Abbé de la Trappe vous a imputé, comme vous le dites, un sentiment que vous n'avez pas, vous-même vous ne croyez pas qu'il l'ait fait dans le dessein de vous nuire ; et tout au plus il se pourrait faire qu'il aurait mal pris votre pensée : erreur qui, après tout, est fort excusable.

« Les paroles fortes et rudes dont il se sert dans sa Lettre ne tombent donc pas sur vous, mais sur une opinion que vous jugez fausse et dangereuse aussi bien que lui....

« Et, en effet, votre Ecrit, plein de sentiments charitables ne montre en vous, Monsieur, aucune aigreur ; mais il me semble seulement que vous croyez trop que M. l'Abbé a tort.

« Ce que je viens de vous dire en toute sincérité, et avec une certaine connaissance, vous doit persuader qu'il n'en a aucun. Et pour moi, je crois, Monsieur, que Dieu a permis la publication de cet Ecrit, afin que l'Eglise fut édifiée par un Discours où toute la sainteté, toute la vigueur, et toute la sévérité de l'ancienne discipline monastique est ramassée.

« J'ai lu et relu cette sainte Lettre ; et toutes les fois que je l'ai lue, il m'a semblé, Monsieur, que je voyais revivre en nos jours l'esprit de ces anciens Moines dont le monde n'était pas digne, et cette prudence céleste des anciens Abbes, ennemie de la prudence de la chair, qui traite par des principes et avec une méthode si sûre les maux de la nature humaine.

« Laissez donc courir cette Lettre, puisque Dieu a permis qu'elle vît le jour. Il arrivera sans doute, qu'elle donnera occasion de blâmer et vous et M. l'abbé de la Trappe : vous qu'on verra accusé par un si saint homme ; et lui pour avoir accusé si sévèrement un ami, *dont le nom est grand parmi les gens de piété et de savoir.*

« Mais si vous demeurez tous deux en repos, et que vous, Monsieur, en particulier, qui êtes ici l'attaqué, méprisiez les discours des hommes en l'honneur de Celui qui, étant la sagesse même, n'a pas dédaigné d'être l'objet de leur moquerie, ces blâmes se tourneront en louanges et en édification, et même bientôt. »

Nous avons donné dans son entier cette admirable lettre pour montrer avec quel bon sens le grand arbitre savait concilier la charité chrétienne et le respect des grandes traditions de l'Eglise ; et aussi pour faire voir en quelle estime l'on tenait notre abbé dans le haut clergé de France. M. Le Roi suivit le conseil de Bossuet ; il promit entre ses mains de ne point faire imprimer la Dissertation, et d'observer dorénavant le silence. En quoi il se montra supérieur à Rancé même, puisqu'il accepta son humiliation, quelque injuste qu'elle lui parût.

Voilà comment il se fit que l'abbaye de Haute-Fontaine ne devint pas une Trappe. Les projets

de réforme furent de nouveau abandonnés pour
d'autres travaux, pour la défense du Jansénisme.
Et. puisque nous venons de parler de Bossuet,
nous devons mentionner le passage à Haute-Fontaine d'un homme qui fut l'un des grands amis
de l'évêque de Meaux et même l'un de ses colla-
borateurs, c'est M. Treuvé.

« Simon-Michel Treuvé, nous dit Moréri, fut
l'un des plus grands ornements du diocése de
Meaux sous M. Bossuet, et sous le commencement de l'épiscopat de M. de Bissy. Il était de
Noyers en Bourgogne où il naquit le 8 août 1651,
d'un procureur de bailliage. Au sortir de sa rhétorique, il entra, en 1668, dans la Congrégation de
la doctrine chrétienne, mais les disputes qui
divisèrent alors cette Congrégation l'ayant fait
changer de résolution, il en sortit en 1673, et se
retira à Vitry-le-François dont le célébre Matthieu
Feydeau était curé, et il y régenta les humanités.
M. Feydeau se l'adjoignit aussi comme second
vicaire. Quelque temps après, M. Le Roi, abbé de
Haute-Fontaine, si connu par ses ouvrages,
l'attira dans son abbaye, et M. Treuvé y composa
l'ouvrage si estimé et si répandu intitulé : *Instructions sur les dispositions qu'on doit apporter
aux Sacrements de Pénitence et d'Eucharistie.*

dédié à Mme de Longueville. C'était une paraphrase du Livre de la *Fréquente Communion* d'Arnauld. M. Treuvé était tout jeune alors ; il n'avait pas vingt-quatre ans. Désque cet ouvrage fut achevé, Messire Félix Vialart, évêque de Châlons, l'obligea d'entrer dans le sacerdoce. Après un séjour d'environ trois ans à Haute-Fontaine, M. Treuvé fut appelé à Epoisses, auprès de M. Guitant, château où Mme de Sévigné logea souvent dans ses voyages.... M. Bossuet, ayant connu le mérite de M. Treuvé et de ses ouvrages intitulés *Instructions sur la pénitence* et le *Directeur spirituel pour ceux qui n'en ont point*, l'appela chez lui, et lui donna la théologale et un canonicat dans son église, et le choisit pour travailler au Bréviaire de Meaux. Il demeura dans cette ville environ 22 ans et mourut le 22 février 1730 (1). »

M. Treuvé ne fut donc point un Janséniste proprement dit, mais il avait été frotté de Jansénisme dans sa jeunesse ; il était de ce tiers-parti de l'Eglise qui prenait du Jansénisme ce qu'il avait de bon et de salutaire, en repoussant tout ce qui pouvait lui donner l'air d'une cabale. Il

---

(1) Dictionnaire de Moréri, article *Treuvé*.

pensait comme Félix Vialart et Bossuet, et c'est
là ce qui établit entre eux cette amitié si hono-
rable pour lui.

Ce fut au moment des séjours d'Arnauld et de
Nicole à Haute-Fontaine que le curé Feydeau
commençait, à Vitry, cette sorte d'apostolat janséniste que nous avons esquissé ailleurs (1), et qui
devait finir d'une manière si dramatique. Beaucoup d'enthousiasme au début, les vertus jansénistes en imposant même aux ennemis de la
secte ; puis des intrigues ; une guerre d'abord
sourde, puis franchement déclarée ; les manéges
d'une femme nerveuse et fanatique ; les hésitations et la conduite indécise de l'évêque Vialart ;
l'attitude équivoque et même hostile du ministre
Pomponne ; enfin des séditions, des soulève-
ments, la démission du curé, et sa sortie de Vitry
à la dérobée ; tout cela ne forme pas le chapitre
le moins curieux de l'histoire du Jansénisme dans
le Perthois.

----

(1) Voir la brochure *Un curé janséniste à Vitry au
dix-septième siecle*, chez Vve Tavernier et fils à Vitry.

CHAPITRE QUATRIÈME.

Sommaire.

Au moment où se dénouait, par la retraite de M. Feydeau, cette malheureuse affaire de Vitry, l'ère des persécutions recommençait pour le Jansénisme plus âpre et plus tenace. La

Paix de l'Eglise n'avait été qu'une équivoque et la signature du Formulaire, avec ou sans réserves, qu'un moyen subtil de mettre momentanément en paix la conscience des Jansénistes, sans leur enlever aucune des arriérepensées et des longs espoirs que nourrissent les sectes naissantes. Le Janséniste était-il, oui ou non, le vrai Christianisme, ou était-il une hérésie ? Le Jansénisme était-il une Fronde religieuse aspirant à renouveler l'Etat aussi bien que l'Eglise, ou bien était-il le rêve plus ou moins innocent de quelques esprits égarés par les subtilités de la théologie ? Voilà comment se posait la question dans l'esprit des gens pratiques et politiques, connaissant le cœur humain et les mille et mille détours des passions. Le roi Louis XIV était trop politique pour ne pas voir que, sous le couvert de ce mot de *Jansénisme*, se cachaient toutes sortes de revendications qui n'osaient s'avouer autrement. C'était une machine de guerre, qui ralliait tous les mécontents, tous les ennemis de l'Etat, sans que les fondateurs de la secte en pussent mais. On était janséniste, comme au siécle précédent, on avait été ligueur, et, comme, au siécle suivant, on devait être philosophe. Aussi les mécontents, les ennemis du despotisme royal, et surtout, il faut le dire à la louange du jansénisme, les défenseurs de la dignité humaine et des anciennes franchises de l'Etat, n'eurent-ils garde de laisser tomber une secte qui leur donnait le moyen de fronder à mots couverts ; et cet appoint, qui contribua beaucoup à la force morale du jansénisme, contribua beaucoup aussi à sa perte. « Louis XIV avait dit, un jour, avec humeur, qu'il ne trouvait plus que des Jansénistes en son chemin, « ces Messieurs de Port-Royal, toujours ces Messieurs, » mais qu'il viendrait à bout de la cabale, qu'il en faisait son affaire, et qu'il serait, en cela, plus Jésuite que les Jésuites eux-mêmes (1) ».

Aussi les âmes simples, qui avaient cru voir dans la *Paix de l'Eglise* une solution, qui s'imaginaient ingénument qu'après cela il n'y avait plus de Jansénisme, que l'affaire du Jansénisme était finie, furent-elles bientôt désabusées. Le Jansénisme prouva bientôt sa vitalité par les persécutions qu'on lui fit subir, comme ce philosophe qui prouvait le mouvement en marchant. Un arrêt du 30 mai 1676, daté du

---

(1) Sainte-Beuve, *Port Royal*, liv. VI, page 154.

camp de Ninove, en Flandre, où se trouvait alors le Roi, vint, comme un coup de foudre, jeter le trouble et la terreur dans le troupeau janséniste, et l'on vit clairement que Louis XIV, après avoir imposé à l'Europe la plus belle paix de son règne, la paix de Nimègue, était bien résolu à faire régner, par tous les moyens. la paix religieuse dans son royaume.

La première victime de cette levée de boucliers fut le ministre Pomponne, dont le rôle devenait de plus en plus délicat. malgré ses concessions, ses faiblesses, et ses rigueurs calculées à l'égard de ses coréligionnaires (1). Il fut brusquement disgrâcié en novembre 1679, et c'est alors qu'il se plongea dans cette retraite si austère et si pleine de dignité qui faisait l'admiration de Mme de Sévigné.

Puis ce fut le foyer de la secte, l'abbaye de Port-Royal qui fut l'objet des rigueurs royales. Les solitaires, les novices, les postulantes et les pensionnaires furent renvoyés et dispersés avec tous les ménagements qu'un Prélat de Cour, bel esprit et fort galant. M. de Harlay,

---

(1) Saint Simon loue beaucoup « sa dextérité, sa finesse, sa souplesse sans ruse qui savait parvenir à ses fins sans irriter ». C'était le Janséniste politique dans la plus parfaite acception du mot. On voit pourtant que cette politique ne lui servit pas.

archevêque de Paris, sut employer dans cette pénible mission.

Enfin, comme l'on voulait anéantir jusqu'au nom du fondateur de la secte en France, l'on s'en prit à une pauvre abbaye du Berry, l'abbaye de Saint-Cyran, ancien bénéfice de Du Vergier de Hauranne, mais aussi ignorée et aussi obscure qu'une maison religieuse pouvait l'être à côté du rayonnement de Port-Royal. Elle fut détruite et rayée de la carte de France, et le Roi put croire un instant qu'il n'y avait plus de Jansénisme, puisqu'il y avait une maison janséniste de moins. Devant cette conjuration des pouvoirs civils, les Jansénistes, les chefs et les politiques du parti, roulèrent toutes sortes de projets, qui, pour la plupart, restèrent à l'état de projet, mais dont d'autres reçurent un commencement d'exécution bientôt suivi d'une banqueroute inévitable. Saint-Simon nous dit, dans un passage de ses Mémoires (1), qu'ils songèrent un moment à aller se réfugier en Amérique. Le

---

(1) Addition et notes au *Journal de Dangeau*, tome III, page 402. « Le duc de Roannès, dit-il, était fort attaché à Port-Royal des Champs. C'était lui qui voulait fournir *à la plupart* de la dépense de l'acquisition d'une île en Amérique, où les solitaires de cette maison eurent un temps le dessein d'aller s'établir pour se dérober aux persécutions qu'ils essuyaient en Europe. »

protestant Richard Simon, dans ses lettres (1)
leur prête aussi cette idée. Mais, en définitive,
ce n'est pas aussi loin qu'ils songèrent à s'ex-
patrier, et c'est dans le Nord de l'Allemagne
qu'une circonstance fortuite leur fournit l'occasion et le terrain propice au développement
du petit troupeau Janséniste.

L'île de *Nordstrand*, sur les côtes de Holstein, avait eu ses digues brisées par l'irrup-
tion de l'Océan dans la nuit du 11 octobre 1634 ;
plusieurs milliers de personnes avaient péri.
C'est à la suite de ce déluge que des sociétés
offrirent de regagner le pays par des digues,
moyennant de certains privilèges. Le duc de
Holstein-Gottorp, qui avait Nordstrand dans
ses domaines, concéda, en 1652, ces privilèges.
très-amples, et, entr'autres, le libre exercice de la religion. Bientôt une commune
catholique romaine s'établit, puis une église
catholique romaine s'éleva à Nordstrand. Enfin
c'était un sol à peu près vierge, où l'on pouvait fonder une petite république, et réaliser,
comme dit plaisamment Sainte-Beuve. le *pays*

(2) Richard Simon, *Lettres choisies,* 1730, lettre trente-
deuxième.

de Jansénie. Tout, dans cette affaire, était fait pour allécher les victimes des querelles religieuses dans toutes les contrées de l'Europe. Parmi les premiers occupants, il s'établit à Nordstrand des Jansénistes de Hollande, de l'église d'Utrecht. où le Jansénisme s'implanta dès le début et demeure encore aujourd'hui (1). Comme l'on avait besoin de capitaux, ces Jansénistes s'adressèrent à leurs confrères de France qui s'occupaient justement de retirer de Port-Royal, où la persécution allait sévir plus que jamais, les sommes qu'ils y avaient placées à fonds perdu. Nous trouvons, parmi les actionnaires de Nordstrand , Arnauld, Nicole, M. de Pontchâteau, M. de Saint-Amour, Lalane. M. de Saci ne se laissa pas séduire : il consulta son notaire, et préféra placer son argent sur les hôpitaux de Paris, à intérêt ordinaire. L'abbé Le Roi aussi fut du nombre des réfractaires. Il n'était pas homme à exposer ses écus pas plus que sa personne, et, du reste, il avait besoin de toutes ses ressources pour entretenir son arsenal religieux de Haute-

(1) Il y a encore aujourd'hui, à Utrecht, un évêque janséniste, Mgr. Reinkens, dont se réclament aussi les vieux-catholiques, ou les dissidents que le Syllabus ou la proclamation du dogme de l'infaillibilité a séparés de l'Eglise romaine.

Fontaine. L'austérité dans les principes peut très bien s'allier avec un peu de prudence humaine, et l'événement montra que M. de Saci et l'abbé de Haute-Fontaine avaient eu raison. Les administrateurs que les chefs du Jansénisme avaient choisis pour gérer le patrimoine de la secte, ne s'acquittèrent pas de cette gestion au gré des actionnaires. « Il ne faut pas, dit Sainte-Beuve (1), que les dévots se fassent industriels. » Un procès s'ensuivit sans issue pendant de longues années, où la fortune des Port-Royalistes ne fut pas sans courir de grands dangers. Enfin le duc de Holstein leur racheta leurs actions en 1678, mais les paiements furent longs à liquider. En résumé les frais faits pour cette malencontreuse affaire profitèrent aux luthériens qui s'établirent à Nordstrand, et en éliminèrent peu à peu tout l'élément catholique, tant romain que dissident (2).

---

(1) *Port-Royal*, liv. V, page 377.

(2) Selon le dénombrement du 1er février 1835, il y avait à Nordstrand mille huit-cent vingt trois luthériens, et deux cent soixante-neuf catholiques, parmi lesquels plus de deux cents catholiques romains, et seulement cinquante jansénistes. Livrés à eix-mêmes à cette extrémité du continent, diminués, étio.és, la plupart des jansénistes se sont faits protestants. — Sainte-Beuve *Port Royal*, liv V, page 378, note.

Vers le moment où se liquidait tant bien que mal cette aventureuse affaire de Nordstrand, il fallut que les chefs. les coryphées du Jansénisme cherchassent à mettre en sûreté, non seulement la fortune du parti, mais encore leurs personnes. Le Roi Louis XIV. avec son horreur native de tout ce qui avait l'air d'une cabale, s'effarouchait fort des assemblées qui se tenaient chez Arnauld au Faubourg St-Jacques, assemblées qui pouvaient fort bien n'être que d'innocentes visites, mais, aux yeux du roi, le nom et la personne d'Arnauld les rendaient dangereuses. Après plusieurs avertissements, qui dégénéraient de plus en plus en menaces, Arnauld crut prudent de mettre la frontière entre la Cour et lui, et se retira dans les Pays-Bas, qui étaient alors l'asile de la liberté religieuse, et où il devait trouver beaucoup de coreligionnaires et d'amis (1). Il partit, déguisé, le 16 juin 1679. Ce fut son dernier exil, et il ne revit pas la

---

(1) Entre autres, M. de Néercassel, archevêque d'Utrecht, saint et savant prélat, fort considéré de Bossuet. C'est la plus grande figure du Jansénisme d'Utrecht et de Hollande, frère-jumeau de celui de Port-Royal, émanant de l'école de Louvain, et qui, dans son schisme moins bruyant au milieu du protestantisme ambiant, a vécu ininterrompu, bien que très diminué, jusqu'à nos jours. — Voir Sainte Beuve, *Port-Royal* liv. VI, pag. 300.

France (1). Nicole, de son côté, s'était retiré à Bruxelles, et tous les yeux étaient fixés sur ces deux champions du Jansénisme (2) qui emportaient avec eux la fortune du parti.

Tout alla bien les premiers mois de cet exil volontaire, mais quand Arnauld voulut entraîner Nicole en Hollande, ce dernier, après s'être sondé, reconnut qu'il n'était pas fait pour jouer, à l'étranger, le rôle d'un martyr, que le mauvais état de sa santé ne lui permettait pas une vie errante ; que son asthme et ses migraines lui interdisaient de demeurer caché sous terre, sans air et sans lumière, de peur d'être reconnu. Du reste, Nicole n'était pas un lutteur, ni un homme à payer de sa personne ; c'était un controversiste, et, en cette qualité, il avait donné tout ce qu'il avait pu donner. Il avait toujours été partisan du silence respectueux, et, depuis qu'il était devenu vieux, il n'aimait que davantage le silence. Il estimait qu'il fallait laisser passer le nouvel orage qui

(1) Ce fut un grand crève-cœur pour lui. Arnauld était très patriote ; il restait le plus Français des hommes à l'étranger. Malgré ses griefs contre Louis XIV, il appuyait sa politique ; il soutenait que la France valait encore mieux que toutes les nations.

(2) « Le pauvre M. Nicole est dans les Ardennes, et M. Arnauld sous terre, comme une taupe », écrivait Mme de Sévigné à la date du 31 Mai 1680.

s'était formé, ne pas s'opiniâtrer en vain, ne pas trop se commettre ni se montrer, qu'on lasserait et qu'on endormirait ainsi le bras levé contre le Jansénisme dont la fortune dépendait à ce moment d'un froncement de sourcil du Roi ; que, tant qu'on n'avait eu à lutter que contre Rome ou contre des théologiens, on pouvait lâcher la bride à la révolte ; mais que maintenant l'on avait à lutter contre toute la puissance du bras séculier, sans appui effectif dans le clergé, puisque la plupart des évêques avaient fait leur accommodement ou se contentaient d'un Jansénisme tout-à-fait platonique ; que la cause de l'Eglise de France et celle de la royauté étaient à ce moment liées par la question des libertés de l'Eglise gallicane que le Roi soutenait, que le patriotisme et la prudence commandaient de ne pas se mettre en révolte à la fois contre la royauté et contre l'épiscopat ; qu'enfin le Jansénisme aurait tout à gagner en se condamnant momentanément au silence, et tout à perdre à faire un éclat (1).

____

(1) Ces raisons sont développées tout au long dans un écrit que fit Nicole pour se justifier vis-à-vis de ses amis, et qu'il intitula son *Apologie*, datée d'Orval, 1680.

La situation du Jansénisme, au moment où nous en sommes, était, en effet, assez singulière. Il était presque réconcilié avec Rome, qui avait accepté avec plus de sérieux qu'on ne l'eût pensé, cette haute comédie de la signature du Formulaire, au point que si Arnauld se fût retiré à Rome, au lieu de se retirer dans les Pays-Bas, on l'eût fait probablement cardinal. Au contraire, Louis XIV était alors brouillé avec Rome à cause de l'affaire de la *régale*, qui allait provoquer en France un redoublement de gallicanisme. Or, si le Jansénisme et le gallicanisme se rapprochaient en bien des points, ils étaient tout-à-fait opposés sur cette question. Mais, pour bien l'entendre, il est nécessaire de dire en quelques mots quels étaient les rapports du gallicanisme et du Jansénisme.

On est toujours disposé, dans le monde, à confondre les intérêts des gens qui ont le même ennemi. Or le Jansénisme et le gallicanisme avaient le même ennemi : c'était la Cour de Rome. Le Jansénisme soutenait contre elle les droits des évêques en tant que successeurs des Apôtres : le gallicanisme soutenait contre elle les droits des évêques, mais en tant que représentants de l'Eglise de France. Car la tendance de toutes les nations issues du chaos du Moyen-Age a toujours été d'avoir leurs Eglises particulières. Les unes, à cet effet, ont rompu franchement avec Rome, se sont donné un nouveau pape, et ont réglé l'hiérarchie des pouvoirs religieux à leur guise. Les ambitions des autres, comme de la France, par exemple, se sont bornées à avoir un clergé national, avec le pape comme chef spirituel. Elles ont cherché, moins à se rendre indépendantes de Rome qu'à se garantir contre les usurpations et les abus de pouvoir de sa papauté. De là toutes sortes de réglements, de coutumes. de maximes, fixant les pouvoirs réciproques, et formant cette sorte de Charte qu'on a appelé les *Maximes de l'Eglise galli-canc*. Malheureusement ces garanties consti-tuant les franchises de l'Eglise de France avaient pour défenseur le Roi, aussi jaloux de ses prérogatives que la Curie romaine pouvait l'être des siens. Sous une monarchie absolue, le roi, qui était le maître de tous ses sujets, ne pouvait pas ne pas l'être de son clergé. Il était donc toujours disposé à confondre les droits des évêques avec ses droits sur les évêques. De sorte que le clergé de France n'échappait à une servitude que pour retomber dans une autre ; et tandis que les papes étaient toujours disposés à empiéter sur le domaine temporel, les rois de France étaient toujours disposés à empiéter sur le domaine spirituel.

Les difficultés créées par cette compétition de pouvoirs n'éclatèrent nulle part davantage que dans la question de la *Régale*. Il s'agissait de savoir qui, du Roi ou de l'Eglise, toucherait les revenus d'un bénéfice vacant. Le Roi, qui conférait les bénéfices, prétendait que ces revenus étaient du domaine temporel et pouvaient être comparés aux héritages vacants, qui étant *res nullius*, revenaient de droit à l'Etat ; que, du reste, le seul mot de *régale*, disait assez qu'il s'agissait là d'un droit royal qui ne pouvait appartenir qu'au Roi. La Cour de Rome prétendait, au contraire, que les bénéfices étaient une partie du patrimoine de l'Eglise, et ne pouvaient jamais revenir à des laïques. Les évêques de France se partagèrent sur cette question. Le grand nombre, par crainte, par amour de la paix, ou par courtisanerie, se mirent du côté du roi. Les plus

austéres, comme, par exemple, le fameux
Pavillon, évêque d'Aleth, virent dans les prétentions du roi un attentat contre les franchises
et les constitutions de l'Eglise, et résistérent
énergiquement. Tel était l'état de la question
au moment où le Jansénisme avait à opter
entre le silence ou la révolte ouverte.

Il était difficile que les Jansénistes hésitas-
sent sur le parti à prendre dans cette embar-
rassante question. Ils étaient les défenseurs
de l'épiscopat ; ils voyaient dans les évêques
les successeurs des Apôtres désignés par
Jésus-Christ pour gouverner l'Eglise. A ce
titre, ils s'élevaient contre la suprématie romaine
qui n'était, à leurs yeux, qu'une usurpation ;
ils ne reconnaissaient au pape qu'une primauté
de rang. Mais voilà que des évêques de France,
des princes de l'Eglise, des chefs de cette
aristocratie spirituelle, abdiquaient devant un
roi temporel et faisaient bon marché des pri-
viléges de l'Eglise. Pouvaient-ils admettre que
cette Eglise ne se rendît indépendante d'un
côté que pour retomber dans une servitude
plus dégradante encore pour elle ? Le Gallicanisme bien entendu ne conseillait-il pas de
résister, puisqu'il voulait une Eglise de France

libre, et non soumise à l'arbitraire d'un potentat ? Et jusqu'où les condescendances et les faiblesses ne conduiraient-elles pas les évêques, si on ne les arrêtait sur cette pente où la liberté et la dignité de l'Eglise couraient tant de dangers ? Voilà ce que se disaient les chrétiens austères et conséquents avec eux-mêmes. Aussi Arnauld, qui menait, à ce moment, les destinées du Jansénisme, n'hésita-t-il point à déclarer que, sur cette question, la Cour de Rome soutenait les vrais principes, et à se séparer des gallicans qui, jusque-là avaient fourni un appoint considérable à la secte ; et ce fut là une des grandes raisons de l'acharnement de Louis XIV à détruire le Jansénisme.

Cet isolement des Jansénistes était précisément ce qui effrayait beaucoup Nicole. Car, quand on est entouré d'ennemis ouverts ou cachés, il faut des alliés, et la Cour de Rome avec laquelle on marchait d'accord momentanément, offrait-elle ce point d'appui sûr, sans lequel rien ne se sauve en ce monde ? Non, car elle était l'ennemi, l'ennemi acharné et implacable, que des semblants de soumission ne pouvaient pas fléchir. N'avait-elle pas tou-

jours, jusque-là, prêté son appui au bras séculier pour frapper les défenseurs de la Grâce ?
Et les pouvoirs civils et les pouvoirs religieux
ne seraient-ils pas toujours d'accord pour anéantir une secte dont le principal caractère
était l'indépendance également abhorrée de
toutes les tyrannies quelles qu'elles soient ? Il
n'était donc pas prudent, selon lui, de trop
afficher ses sentiments sur une question qui
importait peu au jansénisme (1), puisqu'il n'admettait pas les bénéfices, et, que par conséquent, il n'avait nul intérêt à savoir qui les
conférait ou qui en jouissait. Le principal
danger que pouvait courir le Jansénisme, c'était
d'affecter des airs d'ultramontanisme , au moment où la France entière était lignée contre
le pape, car beaucoup de gens en France lui
étaient favorables par esprit gallican, par patriotisme, et le moindre semblant d'alliance avec

______

(1) C'était d'abord l'avis d'Arnauld lui-même. Il écrivait, en 1682, au P. Quesnel, son lieutenant, à propos
de la question de la Régale et de la Déclaration du
Clergé ; « Voulez-vous bien que je vous dise ma pensée ?
Vous insinuez que la Déclaration des Evêques nous
est favorable, et vous prenez leur parti. Il ne faut
prendre ni l'un ni l'autre (ni celui des évêques, ni
celui de la Papauté). Je crois que le meilleur parti
que nous ayons à prendre dans cette querelle est de
demeurer neutres, ni les uns ni les autres ne méri-
tant que l'on s'intéresse pour eux » Mais Arnauld ne
resta pas fidèle à cette ligne de conduite.

Rome les dérouterait et les aliénerait à jamais.
Il ne fallait donc pas perdre gratuitement ses
avantages et se mettre, comme on dit vulgairement, entre le fer et l'enclume, mais rester
neutre, ne pas avoir l'air de cabaler, et garder
le silence. Voilà, avec les raisons que nous
avons citées plus haut, ce qui décida Nicole
à faire son accommodement avec le séduisant
archevêque de Paris, M. de Harlay, le plus
cauteleux ennemi du Jansénisme ; et les luttes
intestines que cet évènement souleva dans le
petit troupeau des Jansénistes n'est pas le
chapitre le moins curieux de ce qu'on peut
appeler les *Guerres civiles du Jansénisme.*

Il y avait dans ce parti, comme dans tous
les partis, deux sortes d'hommes : ceux qui
luttent et qui se dévouent, et ceux qui crient :
« Courage ! », mais qui se retranchent chez
eux, et font profession de juger les coups.
Ces derniers, de la meilleure foi du monde,
avaient voué le pauvre Nicole, comme Arnauld
à un héroïsme et à un exil perpétuels. De ce
nombre était l'abbé Le Roi. Retiré dans sa
belle abbaye de Haute-Fontaine, il suivait
complaisamment les deux champions dans leur

exode dans les Pays-Bas, et leur envoyait les
meilleurs encouragements, bien décidé à les
morigéner d'importance, s'ils mollissaient le
moins du monde et commettaient la moindre
faute. Tout alla bien jusqu'à l'esclandre de
Nicole dont la nouvelle tomba, comme une
bombe, à l'abbaye de Haute-Fontaine. Il est
difficile de représenter l'effarement que cette
nouvelle y causa, comme dans toutes les communautés jansénistes. On pouvait, il est vrai
et avec raison, reprocher à Nicole d'avoir
manqué un peu de dignité, et d'avoir choisi,
pour faire sa paix, l'ennemi le plus cauteleux
et le plus acharné du Jansénisme. Mais de là
à en faire un vil apostat, à lui reprocher son
retour et sa rentrée en France, à oublier tous
les services qu'il avait rendus, par sa plume,
à la bonne cause, il y avait loin. Toutefois le
Jansénisme avait pu faire bien des miracles,
mais il n'avait pu changer la nature humaine.
Voilà donc le pauvre Nicole devenu, d'un
héros qu'il était, un traître, un homme timoré
(ce qu'il était en effet et dont il convenait
de la meilleure grâce du monde) (1). L'abbé

---

(1) La timidité de Nicole était devenue proverbiale
dans le petit troupeau janséniste. Il ne passait pas
une rivière, dans un bac, sans avoir une ceinture

de Haute-Fontaine, qui avait jadis écrit (en 1668) une pompeuse lettre *sur la constance et le courage qu'on doit avoir pour défendre la vérité*, mais qui s'était toujours retranché derrière de bonnes murailles, se fit le porte-voix de l'indignation générale. Il adressa au malheureux réfractaire une lettre qui est une vraie sentence de grand justicier : « Quoi ! vous ! M. Nicole, lui disait-il en substance, vous apostat ! vous traître ! Vous craignez la lutte et la fatigue pour la gloire de la sainte doctrine ! vous abandonnez vos amis qui gémissent, et qui vous soutenaient de leurs vœux et de leurs prières ! et, qui plus est, vous avez tenté de corrompre la fidélité de notre grand Arnauld ! Quelle a été la tentation qui vous a porté jusqu'à vouloir entraîner votre ami dans l'égarement avec vous ?.. L'exemple si terrible que vous lui donnez n'a point été capable de l'affaiblir ; mais l'exemple si puissant qu'il vous donne n'aura-t-il point la vertu de vous faire recouvrer vos forces..! »

---

de sûreté. A Troyes, il n'osait sortir quand il faisait du vent, de peur de recevoir des tuiles sur la tête. Un jour, redescendant de la tour de l'Eglise de St-Jacques du Haut-Pas où le curé l'avait fait monter : « Si tous vos pénitents, dit-il, avaient une résolution aussi ferme de ne plus pécher que j'en ai de ne plus remonter à cette tour, vous auriez pour paroissiens de bien bons chrétiens.» On voit qu'il plaisantait agréablement de sa timidité.

Ce dernier reproche qu'on faisait à Nicole d'avoir essayé d'agir sur Arnauld était tout-à-fait injuste (1). Il ne demandait que le droit qu'a tout homme, arrivé aux approches de la vieillesse, et qui n'a pas l'âme fortement trempée, de se retirer de la lutte. Il admirait, dans Arnauld, ce tempérament de lutteur, de vieux lion, mais il sentait, en le déplorant, qu'il n'y avait pas en lui l'étoffe d'un héros. Quoi de plus naturel alors que de déposer humblement les armes ? Eût-on mieux aimé qu'il prît des airs de pourfendeur, de capitan, et qu'il fît mal la guerre, pour s'être engagé à plus qu'il ne pouvait ?

Si Nicole n'était pas un Achille, il était homme d'esprit, et d'un esprit trop délicat, à son avis, « car, disait-il, l'extrême délicatesse de l'esprit est une faiblesse. On sent vivement les choses, et on succombe à ce sentiment si

---

(1) La grande intimité de Nicole et d'Arnauld, et les tendances du premier à élargir le Jansénisme, et à chercher, autant que possible, des accommodements, firent que parmi les Port-Royalistes, on attribua toutes les défaillances d'Arnauld à Nicole. « Pour ce fait, M. Nicole, dit l'un d'entre eux, demeura odieux à plusieurs personnes, et il ne s'en est jamais relevé à leur égard. » L'abbé Le Roi partageait, ce semble, cette prévention peu compatible avec les éloges que les Jansénistes ont toujours accordés à Nicole, qui est l'un de leurs grands hommes.... *ô miseras hominum gentes !*

vif. » Il fut donc très sensible à ces reproches immodérés venant de gens qui l'avaient encensé jusque-là. Il le fut jusqu'à en perdre le sommeil. Mais il se connaissait en hommes, et, démêlant, en fin moraliste, le ridicule de tous ces donneurs de conseils, bien abrités, les uns dans leur abbaye, les autres dans une retraite sûre, il n'eut pas beaucoup de peine à se donner le beau rôle, mais il n'en abusa pas. Dans une série de lettres qu'il leur adresse il les traite en grands enfants, et l'on voit, au ton qu'il prend, l'influence dont il jouissait dans le parti.

« Il me prend envie, Monsieur, écrit-il à l'un d'eux, de me révolter un peu contre vous tous, tant que vous êtes, et de tâcher de vous rendre raisonnables. J'entends admirablement le sens de votre *Confortare* ; et, quand vous ne m'auriez rien fait connaître de vos sentiments, il suffit que je vous connaisse tous pour prévoir à peu près tout ce que vous aurez pu dire. Je serais capable de redire à chacun tout ce qu'il a dit, et de marquer, sans que personne m'en ait averti, ceux qui ont parlé aigrement, ceux qui ont parlé avec un peu de moquerie, ceux qui ont mêlé quelques traits de compassion, ceux qui ont tâché d'adoucir un peu les choses, ceux qui ont jeté feu et flammes. Je me suis trouvé souvent en esprit dans ce *concile*, où j'ai entendu si peu de choses à ma louange. Enfin, Monsieur, je ne pense pas que rien m'ait échappé, et que, quand vous voudriez faire une confession générale, vous m'apprissiez rien de nouveau. Il y en a qui l'ont déjà fait par écrit, et le bon M. Le Roi s'en est acquitté avec une sincérité merveilleuse. »

On voit que les remontrances de l'abbé Le Roi lui tenaient au cœur, et, pourtant, il lui répond par une lettre tout-à-fait charitable, malgré quelques petits grains de malice semés par-ci, par-là. Nicole connaissait bien son homme. « Vous n'aurez jamais de peine à me persuader, Monsieur, lui écrit-il, qu'un repos et une liberté qu'on acquiert en abandonnant la vérité et les intérêts de l'Eglise ne sauraient produire qu'un effroyable trouble et une honteuse servitude ; que le désir de conserver un repos humain et une liberté charnelle est trompeur et pernicieux, et que ce serait semer dans la chair que d'employer son esprit à recueillir le fruit d'un misérable repos. Je suis

touché, ce me semble, comme vous, de ce
que vous dites encore, que nous devons mettre
notre souverain repos et notre souveraine
liberté à nous tenir immuablement attachés à
Jésus-Christ, mais à Jésus-Christ persécuté,
crucifié, méprisé du monde, opprimé dans sa
vérité et dans les maximes de son Evangile.
Enfin je suis fort pénétré de ce que vous me
représentez, que, plus on approche de la fin
de la vie par l'âge, plus on doit aimer cette
liberté divine.... Mais, s'il s'agit, non de blesser
la vérité, mais de la défendre par des écrits,
il faut beaucoup restreindre la généralité de
votre première maxime, et la réduire précisément aux personnes qui sont obligées d'écrire
pour la vérité, et aux occasions où ces écrits
peuvent être utiles. Car ce serait une maxime
non seulement fausse, mais très pernicieuse,
que de prétendre que tout le monde est obligé
de défendre la vérité par des écrits, et que
tout temps y est propre. *Vous y seriez, Monsieur, enveloppé tout le premier, puisque, dans
toutes les contestations, vous ne vous êtes
point tenu obligé d'y prendre part autrement
que par vos prières...* Tous nos autres amis
en font de même que vous, et je ne vois pas

qu'ils soient persuadés que de demeurer, comme vous et eux, dans le silence et dans le repos, soit abandonner la vérité.... Ainsi, pour me séparer d'eux et de vous, il faut, par nécessité, que vous prétendiez que je ne sois pas dans le même état ni dans la même condition qu'eux et que vous ; qu'ils peuvent bien jouir du repos et de la liberté on ne se mêlant de rien, et que leur silence ne les empêche pas d'être attachés à la croix de Jésus-Christ, parcequ'ils ne sont pas appelés à écrire, mais que tout cela m'est interdit, et qu'à mon égard, c'est la même chose de demeurer dans le silence et de trahir la vérité à cause de ma vocation particulière... Mais, pour vous dire, en un mot, ce que je puis des fondements de ma conduite, et des raisons que j'ai eues de ne m'unir pas avec M. Arnauld en cette occasion particulière, j'avoue que je n'ai été occupé que de deux vues. L'une, que, quoique M. Arnauld ne songe peut-être pas à tout ce que le monde lui attribue assez témérairement, cette union néanmoins donnant l'idée que l'on a dessein d'écrire sur Port-Royal, et sur ce qui y est arrivé, ce dessein ne m'a paru nullement utile ni à l'Eglise, ni à Port-Royal. La seconde vue est que, ne pouvant prendre part à ce dessein, quand même il serait utile, sans un engagement et une vocation de Dieu assez visible, non seulement je n'ai pas trouvé en moi et dans les circonstances de l'affaire, les marques de cet engagement et de cette vocation de Dieu, mais qu'il m'a semblé qu'il y avait dans mon état, et dans la qualité de mon esprit, dans les lumières que j'ai, et dans une infinité d'autres circonstances, des marques toutes claires que ce n'était point la volonté de Dieu que j'entrasse dans cet engagement. Il faudrait bien du temps pour discuter à fond les deux points, et je me suis même fait une loi de ne parler du second que de vive voix.

Mais il me semble qu'un esprit vraiment équitable doit se satisfaire des considérations suivantes :

1º Que la plupart des dispositions qui entrent dans l'examen du second point sont des dispositions cachées, dont, par conséquent, il n'est pas permis de juger à ceux qui ne les connaissent pas, et à qui je ne les ai pas découvertes ;

2º Que l'examen que j'en ai fait m'ayant persuadé de l'un et de l'autre, cette lumière,

qui ne se trouve balancée d'aucune autre
forme en moi une obligation de conscience
de la suivre ;

3° Que ces pensées ne sont point nouvelle-
ment nées dans mon esprit, mais que la plupart sont anciennes de plus de vingt ans ;

4° Qu'elles ont été lues à M. l'évêque d'Alet
(Pavillon), et qu'il ne m'a rien dit qui ne me
porte à juger qu'il aurait autorisé la conduite
que je tiens.

Je suis, etc, etc...... » (1).

Non seulement l'abbé de Haute-Fontaine ne
fut pas satisfait de cette justification, mais il
la fit circuler partout, en même temps que sa
lettre, dans le but un peu perfide d'entretenir
l'orage au lieu de le calmer et d'ameuter
contre Nicole le plus de gens possible, ce qui
obligea ce dernier à lui écrire une seconde
lettre dans laquelle il se plaint de ce procédé,
disant « que sa lettre, ainsi rendue publique,
avait excité une infinité de jugements et de
discours qui devenaient pour lui un fardeau
qu'il ne devait pas regarder comme léger.

_____

(1) Lettre de Nicole à l'abbé Le Roi, datée d'Orval,
le 3 septembre 1679.

s'il se trouvait que ces jugements fussent contraires à la vérité et à la justice (1). »

En effet, le pauvre Nicole se vit assailli de toutes espéces de philippiques venant de tous les points de France. Un M. Hermant, chanoine de Beauvais, qui n'avait jamais quitté sa stalle, et qui se bornait à offrir quelquefois un asile aux jansénistes proscrits, lui alléguait l'exemple des solitaires qui quittaient leurs montagnes et leurs cellules pour défendre la foi. Nicole lui répond « qu'il y en avait encore beaucoup plus qui demeuraient dans leurs cellules ; que les uns et les autres faisaient bien, et que, peut-être, si ceux qui y demeuraient avaient voulu sortir, ils n'auraient rien fait qui vaille ; que ces solitaires ne sortaient que lorsqu'ils croyaient que leur présence dans les villes servirait à soutenir la foi ; et qu'ils se seraient bien donné de garde d'abandonner leur repos, s'ils avaient cru ne faire que nuire à la vérité, au lieu de la servir (2). »

A un autre de ces amis un peu trop indiscrets, Nicole crut devoir faire une réponse

____

(1) *Vie de Nicole*, par l'abbé Goujet, Luxembourg, 1732, pages 135-136. — (2) Ibidem, page 135.

plus longue. C'était le fameux M. de Pontchâteau, le grand ascéte du dix-septiéme siécle
que nous apprendrons à connaître plus loin.
Nicole l'avait en grande vénération, et, s'il
se moquait un peu des autres, il fut affligé
de voir ce chrétien austére entrer dans les
préventions de ces amis tyranniques, quoiqu'il
fût le seul qui, par sa vie de peines et de
sacrifices, fût en droit d'accuser quelque peu
Nicole de pusillanimité. M. de Pontchâteau
n'approuvait pas, dans tous ses termes, le
réquisitoire de l'abbé Le Roi, mais il ne pouvait tout-à-fait absoudre Nicole : « Je suis
fâché, écrivait-il, de la lettre de M. de
Haute-Fontaine à M. Nicole, mais je suis
marri que M. Nicole y ait donné occasion.
Ce n'est pas que ce qu'il a fait méritât une
correction si dure, mais il est vrai qu'il a
écrit à M. de Paris une lettre qui a fait de
la peine à tous les amis (1) ».

Nicole lui répond que, cette lettre à l'archevêque de Paris, il ne l'a envoyée qu'aprés
l'avoir communiquée aux principaux de ses
amis de cette ville, qui n'avaient rien trouvé

____

(1) Lettre datée de Rome, du 2 février 1680.

à y reprendre ; que, après avoir été accusé par le roi d'avoir rompu la Paix de l'Eglise par un écrit intempestif (1), il avait voulu donner ce témoignage public de son profond désir d'éviter désormais toute contestation ; que, dans ce but, il avait dû refuser l'engagement où voulait le pousser Arnauld, engagement qui l'aurait obligé à rentrer en campagne et à faire de nouveaux écrits ; que si, autrefois, il n'avait pas hésité à se jeter, corps et âme, dans la lutte, c'est que la situation du Jansénisme était tout autre ; qu'alors il s'agissait de protester contre des tortures de conscience qu'on faisait subir à des religieuses et à toutes sortes de personnes pour les amener à une sorte de rétractation publique ; qu'on les privait de l'usage des sacrements, qu'on les accusait d'hérésie, et qu'on les vexait de mille manières ; qu'alors toutefois la lutte était plus facile, parcequ'on avait avec soi un grand parti dans le clergé de France, et qu'on agissait, en quelque sorte, au nom et sous l'égide des évêques ; que maintenant les évêques étaient ralliés au roi, et ne songeaient qu'à

(1) Il s'agit de la Lettre des évêques d'Arras et de Saint-Pons au Pape sur les nouveaux relâchements des casuistes, à laquelle Nicole avait collaboré.

défendre les libertés gallicanes contre le pape,
que donc, à le bien prendre, la situation des
Jansénistes n'était pas si mauvaise, puisqu'on
ne leur demandait que le silence et le repos ;
qu'une nouvelle levée de boucliers de leur
part aurait pour effet de ruiner Port-Royal et
de compromettre le Jansénisme ; qu'enfin son
âge, sa santé, et le soin même de son salut
lui commandaient de prendre le parti de la
retraite et de renoncer à une lutte sans issue
où il employait, sans profit évident, tous ses
soins et tous ses moments.

« Je ne puis m'empêcher, disait-il en finis-
sant, de vous faire un peu rire de l'honneur
que le monde me fait en cette rencontre ;
car on me traite un peu comme Cicéron traite
Caton en le comparant à soi. Il prétend, dans
cette comparaison, qu'à cause de la différence
de son humeur et de celle de Caton, il avait
pu se réconcilier avec César et vivre en repos
à Rome après la bataille de Pharsale, mais
que pour Caton, il fallait qu'il mourût : *Morien-
dum potius quam tyranni vultus aspiciendus
fuit*.... Si ces Messieurs ont mérité qu'on leur
fasse la grâce que Cicéron se fait à lui-même,
je ne vois pas ce qui leur donne lieu de me

charger du personnage de Caton, avec lequel il me semble que j'ai très peu de rapport. »

Bien que Nicole se moquât ainsi agréablement de l'opinion qu'on se faisait de lui dans un certain monde, il ne laissait pas que d'avoir certains remords de n'avoir pas eu un peu du sang de Caton dans les veines. et, comme cela l'empêchait de retrouver le sommeil. il composa, pour se soulager. une grande *Apologie*, qu'il enferma dans un tiroir après l'avoir faite ; et, après avoir ainsi déchargé sur le papier toutes ses raisons et toutes les causes de ses soucis, il retrouva comme par enchantement, le sommeil, l'appétit et la bonne humeur et il s'en félicita beaucoup. On voit que Nicole se tirait de cette situation délicate avec beaucoup d'esprit. et cet esprit même l'empêchait de se donner corps et âme à une secte, quelle qu'elle fût. Il n'avait pas assez de fanatisme ni d'enthousiasme pour braver le ridicule qu'une doctrine poussée à l'extrême se donne toujours devant le monde. Le *Credo quia absurdum* n'était point son fait. Nous avons, à cet égard, le témoignage d'un homme qui ne fut pas janséniste. mais qui vit d'assez près les chefs du Jansénisme pour bien les connaître, c'est Richelet (1). Ses indiscrétions nous donnent la clef de bien des luttes intestines du petit troupeau : « M. Nicole, nous dit-il, se trouva lié d'amitié et de sentiments avec M. Arnauld et les autres défenseurs de Jansénius avant 1656, et il mit la main à la plume pour les défendre. Il sentit dès lors la dureté de leur système, et commença à y apporter quelques adoucissements. Il s'en ouvrit à M. Pascal et à M. Girard, licencié en Sorbonne, qui approuvèrent ses vues, et reconnurent qu'il fallait nécessairement, pour entrer dans la doctrine de la tradition, admettre une grâce suffisante qui donnât aux pécheurs le pouvoir d'éviter le mal et d'accomplir les préceptes. C'est ce qui le porta plus tard à faire son ouvrage sur la Grâce générale où il prône la doctrine de Saint-Thomas dont M. Pascal s'était tant moqué en disant qu'elle admettait une

(1) Richelet, né à Cheminon en 1631, élevé à l'abbaye, de Cheminon, célèbre grammairien et lexicographe s'illustra par son *Dictionnaire français* qu'on consulte encore aujourd'hui avec fruit et par divers autres ouvrages de grammaire et de linguistique. C'était un esprit satirique et quelque peu gouailleur, qui avait beaucoup de talent pour percer le masque des gens, et qui se fit par là beaucoup d'ennemis. Il mourut en 1698. La commune de Cheminon a fait tout récemment une collecte pour lui élever un monument.

grâce *suffisante* qui ne suffisait pas.... On le traita, dans le parti, de Pélagien et de Moliniste, c'est-à-dire de Jésuite. »

« Le P. Quesvel, dit encore Richelet, qui venait de publier ses *Réflexions sur le Nouveau Testament*, se plaignit à M. Nicole, en lui disant qu'il appréhendait que le débit de son ouvrage ne diminuât, si le Traité de la Grâce universelle venait à être imprimé. Nicole, lui ayant représenté qu'il n'avait suivi le système qu'il proposait que pour rendre plus supportable la doctrine augustinienne de la Grâce, Arnauld et Quesnel le regardèrent comme un ennemi. « C'est la pensée que j'ai eue de M. Arnauld et de vous, dit-il en parlant au P. Quesnel : je vous ai crus l'un et l'autre prévenus contre les Thomistes, et je suis persuadé que cette prévention n'était pas utile à la Paix de l'Eglise ». — « M. de Pontchâteau, disait encore M. Nicole, n'a jamais pu s'accommoder des cinq articles (de Jansénius), et beaucoup sont de la même humeur, mais ils sont retenus par la déférence qu'ils doivent à M. Arnauld » (1). On voit combien

____

(1) Richelet, *Dictionnaire français, dictionnaire biographique préliminaire*, article « Nicole ».

les Jansénistes était ballottés entre les différents partis qui s'offraient à eux : celui de la logique à outrance, sans souci des conséquences, que suivit Pascal et qui le tua ; celui du fanatisme (pris en bonne part) mêlé de politique que suivirent Arnauld et son lieutenant Quesnel ; et celui de la conciliation et de l'adoucissement général que préconisait Nicole. Malgré quelques démentis apparents qui lui furent imposés par les circonstances, malgré quelques contradictions, où il se laissa entraîner par la force des événements, tel est le caractère qui domine l'ensemble de sa vie, et c'est avec l'idée que Nicole est un janséniste moyen et mitigé, ennemi de tout ce qui était excessif, qu'il faut apprécier sa conduite et ses écrits.

Cependant le bruit d'une Apologie de Nicole se répandit dans le parti Janséniste, et aussitôt les ardents du parti de s'étonner, de s'irriter de ce que le renégat songeât à se justifier publiquement. On ne voulait pas qu'il pût avoir raison :

> Manger l'herbe d'autrui ! quel crime abominable !
> Rien que la mort n'était capable
> D'expier son forfait.

De sorte qu'il se vit en peu de temps accablé

d'un nouveau déluge de lettres très vives. Ces lettres lui disaient qu'il faisait ce que jamais un chrétien , même les Pères de l'Eglise, n'avaient osé faire, ou bien rarement, tant ils craignaient l'orgueil ; que Saint-Athanase seul avait composé une Apologie *De fugâ suâ* ! mais que c'était là un exemple que personne, moins que lui, n'était en droit d'imiter. Et, en effet, qui avait plus châtié le *moi* humain, qui avait plus prêché l'humilité et l'anéantissement que lui, Nicole ?

« Je leur répondis, nous dit ce dernier, qu'ils n'avaient nul sujet de se mettre en peine, que cette prétendue Apologie avait uniquement pour but de me procurer le sommeil. Et, en effet, après avoir tiré ce secours, je l'ai renfermée pour ne plus jamais voir le jour, n'ayant jamais eu une si sotte vanité que d'appliquer le monde à ce qui m'arrive. Mais il me semble aussi que c'est une intention fort légitime que de vouloir dormir, et que, comme un certain archevêque de Constantinople, dont il est parlé dans Crusius, avait pour dicton ordinaire, qu'il faut de l'argent, *Krematôn dei*, on peut prendre légitimement celui-ci, *Upnon dei*, il faut dormir ».

Il est curieux d'opposer aux sentiments de ces amis plus ou moins exaltés le sentiment d'Arnauld, le seul qui pût être froissé. avec quelque bon droit, de la détermination de Nicole. « Je vous suis obligé, lui écrit-il, de ce que vous m'avez bien voulu décharger votre cœur : vous ne le sauriez faire à personne qui entre plus dans vos peines, et qui y compatisse davantage ; et, quoique je ne puisse pas toujours être dans votre sentiment, je ne prétendrai jamais que vous soyez obligé d'être du mien, surtout quand il s'agira d'entrer dans des engagements où vous auriez trop de répugnance. J'aurai toujours la reconnaissance que je vous dois des assistances que vous m'avez rendues ; mais cela ne me donne pas le droit de vous en demander de nouvelles, et c'est assez que Dieu ne vous en donne pas la volonté pour me faire accepter cette privation comme un ordre de la Providence. Je n'approuve donc point que l'on parle de vous comme l'on fait, et je trouve surtout que l'on a grand tort de le faire à propos de votre lettre à M. de Paris. Il est vrai que je ne voyais pas la nécessité de l'écrire, parce qu'il n'y a rien à espérer de tous les éclaircissements que l'on donne à cet homme. Il n'y aurait qu'un moyen de l'apaiser : ce serait de lui faire des bassesses dont je suis certain que vous n'êtes pas plus capable que moi (1) ».

Et, non content de le juger avec cette charité toute chrétienne, il le défendait contre tout le monde. Il écrivait à M. de Pontchâteau à la date du 15 octobre 1681 : « J'apprends, par une lettre de M. Nicole, qu'on s'est terriblement laissé prévenir contre lui par de méchantes raisons dans une affaire où il a tout-à-fait raison.... Je ne puis m'empêcher de dire qu'il semble qu'en toutes choses on prenne à tâche de le décrier et de le taxer de lâcheté, ce qui me paraît la plus grande injustice du monde.... N'est-il pas utile qu'il soit en repos, afin qu'il puisse travailler pour l'Eglise ? ne le fait-il pas toujours d'une manière ou d'une autre ? N'est-il pas juste que chacun agisse suivant son don ? N'a-t-il pas rendu d'assez grands services pour qu'on lui en sache gré, et qu'on ne le traite pas comme un esclave qui n'aurait pas la liberté de faire ce qui lui plairait.... ? »

---

(1) Lettre du 9 Août 1679, citée par l'abbé Goujet, dans sa Vie de Nicole, livre II, page 143 et suivantes.

Par une de ces inconséquences qu'on voit fréquemment chez les hommes, les mêmes amis qui blâmaient Nicole de mollir, voulaient le brider, lui, le vieil athléte, et l'empêcher de rien écrire, par la difficulté et le danger qu'il y aurait à débiter ces écrits et à les faire circuler en France. « Eh quoi ! leur écrivait-il, chacun n'a donc plus qu'à se reposer, si tout le monde est de cette humeur qu'on ne veuille plus rien risquer du tout ; et je ne vois pas, cela étant, pourquoi l'on criaille tant contre M. Nicole. C'est-à-dire *que chacun veut bien craindre pour ce qui lui plait, et en même temps se croit en droit de déclamer contre la crainte des autres.* »

Ces derniers mots d'Arnauld mettent à nu les ressorts secrets de toute cette querelle, et montrent combien tous ces plaignants manquaient de vrai courage, de tolérance et d'équité.

On ne peut que plaindre encore davantage le pauvre Nicole quand ou songe qu'au moment où il avait à répondre à tant de calomnies, il accomplissait, dans le Nord de la Champagne, dans les Ardennes, une odyssée très pénible, au point qu'il y fit seize stations différentes dans l'hiver de 1679-1680. Il parcourait ce pays à l'état de suspect, de demi-proscrit, car on ne connaissait pas encore sa réconciliation avec son archevêque ; de sorte que, lorsqu'il paraissait dans un lieu, il voyait les figures s'assombrir ; et, même quand il rencontrait des personnes courageuses et franchement hospitalières, il craignait de les compromettre en restant, et s'éloignait sans trop savoir où porter ses pas. « Vers le commencement de l'hiver, nous dit son biographe, l'abbé Goujet, il quitta Liége, et remonta la Meuse pour venir à Sedan. Ce ne fut pas sans essuyer bien des fatigues. Il fut obligé de s'embarquer dans un bateau assez mauvais, découvert, chargé de poteries et de grés, et conduit par un batelier très malhabile, en sorte qu'il était, à tout moment, exposé à faire naufrage. L'aspect affreux des rochers, qui bordaient la rivière, ceux qu'il apercevait à fleur d'eau, joints à sa timidité naturelle, lui faisaient voir encore plus de danger qu'il n'y en avait effectivement. Il est bon de l'entendre lui-même s'exprimer sur ce voyage, et sur ce qui l'avait précédé, dans une lettre à Madame de Saint-

Loup : « Qui m'aurait dit il y a six mois, écrit-il à cette dame, qu'il fallait me résoudre à n'avoir plus ni feu ni lieu, à être à charge à tout le monde ; à changer continuellement de demeure, à être décrié et condamné d'un consentement mutuel, par les gens du monde et par les amis, à n'être plaint ni défendu de personne ; à coucher sur la paille avec la fièvre, dans des trous creusés sous les rochers de la Meuse ; en vérité, cela m'aurait fait peur. Cependant cela est passé, et n'est pas si grand'chose que l'on pourrait croire. »

» Il ne demeura pas longtemps à Sedan, mais il alla à l'abbaye de Châtillon (1), dans le dessein d'y passer l'hiver. N'ayant pas trouvé de voiture commode pour faire ce voyage, il prit un cheval et un autre pour son valet, ce qui ne servit pas peu à aug-menter son asthme qui s'accommodait d'autant moins de cette monture, que le cheval était mauvais, et qu'il était lui même fort méchant

(1) L'abbaye de Châtillon était une maison de l'Ordre de Citeaux située dans les Ardennes, non loin du Chesne. Elle était du nombre de celles qu'on appelait les *filles de Trois-Fontaines*, étant sortie, comme cette dernière abbaye, du mouvement d'ascétisme religieux qui signala le voyage que fit St Bernard en Champagne au commencé-ment du XIIe siècle. Elle adopta la réforme de St-Vanne et c'est pourquoi les proscrits jansénistes s'y arrêtaient volontiers, et se retrouvaient, en quelque sorte, chez eux.

cavalier. Il prit un guide pour le conduire
jusqu'à Juvigny, à quatre lieues de l'abbaye
de Châtillon ; mais son guide l'égara, et,
après avoir erré longtemps dans les plaines,
il se vit à la fin du jour au milieu d'un bois
qui passait dans le pays pour être une vraie
retraite de voleurs, et que l'homme le plus
assuré n'osait presque y passer seul quand le
soleil était couché. Dieu les préserva de tout
accident : ils sortirent heureusement de ce
bois, non sans avoir eu beaucoup de frayeur,
et ils se trouvèrent en pleine campagne, à un
quart de lieue de Juvigny qui parut encore
bien éloigné à M. Nicole. Il y arriva enfin,
fort fatigué, et il y passa la nuit comme il
put, dans un mauvais gîte, où à peine trouva-
t-il du feu et de quoi manger. »

» Le lendemain au matin, pendant que son valet
était allé lui chercher une voiture à Châtillon, il
vit Mme l'Abbesse de Juvigny et plusieurs de
ses Religieuses, à qui il fit le récit de ses
aventures. Dès le même jour, M. l'Abbé de
Châtillon, vint le prendre lui-même et l'emmena
avec lui à son Abbaye. M. Nicole s'y livra
tout-à-coup à une grande retraite. Il assistait
à presque tous les offices des moines qu'il

édifiait par sa grande régularité et par sa piété exemplaire.... Il fut obligé de sortir de cette abbaye au bout d'un mois. On envenima sa retraite à Châtillon dès qu'on en eut nouvelle. On publia qu'il ne l'avait choisie que pour cabaler plus aisément et pour y composer, dans l'obscurité, de nouveaux écrits qui ne serviraient qu'à troubler l'Eglise et l'Etat. Peut-être aurait-il pu mépriser ces calomnies. Mais il s'exposait à de nouvelles persécutions si on venait à les croire, et il pouvait occasionner quelque peine à M. l'abbé de Châtillon et à son monastère. Pour éviter l'un et l'autre. il se retira, quoique dans la plus grande rigueur de l'hiver.

» Il changea de nom, et se rendit à l'abbaye d'Orval, de l'Ordre de Cîteaux, dans le duché de Luxembourg, à deux lieues et demie de Montmédy, vers le Nord. sur l'une des frontières d'Allemagne (1). » C'est là que Nicole

---

(1) L'abbaye d'Orval. dans le diocèse de Trèves, était encore une de ces filles de Trois-Fontaines, dont nous avons parlé à propos de Châtillon. L'abbaye fut fondée, en 1070, par des Moines bénédictins venus de Calabre, et fut donnée, peu après, à des Chanoines, qui y vécurent d'une manière si scandaleuse, que l'Evêque de Verdun les chassa en 1131, pour donner le monastère à Saint-Bernard. qui y envoya sept Religieux tirés de l'abbaye de Trois Fontaines. Cette abbaye était fort en désordre, lorsque Dom Bernard de Montgaillard en

reçut l'avalanche de lettres et de reproches.
qu'il appelle plaisamment une *lapidation.*

« A peine y avait-il été un mois, continue son
biographe, que l'Abbé, qui craignait pour lui-
même et pour sa communauté les suites de
cette retraite, vint lui exposer, en tremblant,
les périls où sa Maison pouvait se trouver
engagée, si on venait à savoir qu'il s'y était
retiré, et combien il était de l'intérêt de son
monastère qu'il s'en éloignât au plus tôt. Cette
terreur paraissait peu fondée : M. Nicole en
montra le faible à l'Abbé, mais il ne le guérit
pas de sa peur, et, raison ou non, il fallut
retourner en Flandre. M. d'Orval, qui était dans
l'impatience de sa sortie, lui fournit volontiers un carrosse pour le conduire à Saint-
Hubert, ville de l'Evêque de Liége, dans le
Luxembourg. M. Nicole y étant arrivé, prit
une charrette, faute d'une autre voiture, qui
le conduisit jusqu'à Liége. » Nicole revit, pendant un certain temps Arnauld à Bruxelles.

fut fait abbé en 1605. C'est lui qui y a mis la réforme qui subsiste encore, et qui, bien que moins sévère
que celle de la Trappe, ne laisse pas que d'être fort
propre à conduire les Religieux à la perfection. —
Dictionnaire de Moréri, art. Orval. — Cette abbaye
passait, dans le monde janséniste, pour l'une des plus austères de l'Ordre de Cîteaux, et servait de modèle, comme
nous le verrons plus loin.

et le quitta définitivement, au commencement
de l'année 1680, pour rentrer en France et à
Chartres, sa patrie.

Pour en revenir à cette grosse querelle qui
mit aux prises des amis de la veille, et qui
devaient se réconcilier le lendemain, l'Abbé de
Haute-Fontaine n'y eut donc pas, comme l'on
voit, le beau rôle. Il était permis à un Arnauld
de morigéner son parti : un abbé bénéficier et
quelque peu épicurien, comme l'était M. Le
Roi, devait se borner à prier et à faire des
vœux pour le succès de la bonne cause. Il
aima mieux faire un éclat, et il eut lieu de
s'en repentir. Cet air de bravoure, chanté si
mal à propos, attira sur lui et sur son abbaye
l'attention du roi et de la Cour. En 1681, (1)
un huissier, du nom de Macon, reçut l'ordre
du roi de se rendre à Haute-Fontaine pour y
visiter toute la maison et les papiers de l'abbé.
On avait sans doute, eu vent, à la Cour, de
l'imprimerie clandestine que l'Abbé avait fait
établir dans les caves de l'abbaye, et d'où
étaient sortis tant de factums et de libelles.
Quoi qu'il en soit, il ne reste aucun docu-

---

(1) Dans le courant du mois de Juin.

ment qui nous renseigne sur les résultats de l'enquête. M. Onfroy de Bréville, ancien propriétaire de l'abbaye, mort tout récemment, était fondé à croire que la cave contenant l'imprimerie et l'arsenal littéraire de M. Le Roi fut comblée au moment de cette perquisition, car, nous disait-il, les caves actuelles sont d'une exiguité peu en rapport avec l'étendue des bâtiments.

Il y a tout lieu de croire que l'abbé Le Roi ne fut pas autrement inquiété, car nous le retrouvons, en 1682, toujours occupé de l'éternelle question de la réforme de son abbaye qui n'aboutissait pas. Voyant enfin qu'il n'y avait pas en lui l'étoffe d'un réformateur, il résolut de profiter de l'expérience des autres sur ce point, et, comme l'abbaye d'Orval, dont nous avons parlé ci-dessus, avait un grand renom d'austérité, et que son nouvel abbé, Dom Charles de Bentzeradt, y avait récemment rétabli, autant que possible, les régles de l'ancien ordre de Cîteaux, il prit le parti de faire venir à Haute-Fontaine quelques Religieux de cette abbaye, pour servir de modéle à ses moines. A ce même moment, du reste, il lui survint un auxiliaire très-précieux, qui lui fut d'un grand secours pour l'édification de sa communauté. c'est le fameux M. de Pontchâteau, dont nous aurons assez longuement à parler, comme de l'une des plus grandes figures du Jansénisme.

Petit-neveu, à la mode de Bretagne, du cardinal de Richelieu , frère de la duchesse d'Epernon et de la comtesse d'Harcourt, oncle du duc de Coislin et du cardinal de ce nom. Sébastien Joseph du Camboût de Pontchâteau était né le 20 janvier 1634. Il était le troisième et dernier fils de Charles de Camboût. marquis de Coislin, baron de Pontchâteau et de La Roche Bernard, gouverneur général de Brest, et Lieutenant-général du roi en Basse-Bretagne (1). A l'âge de sept ans, ce cadet de famille était déjà pourvu d'abbayes et de bénéfices, et il racontait plus tard, moitié en riant et moitié en s'indignant, qu'à cet âge il avait reçu ses bulles du pape qui les lui accordait en faveur de sa *prud'homie* de sa *grande science* et de ses *bonnes mœurs.* Cette comédie n'était pas faite pour lui donner un grand

----

(1) M. de Pontchâteau était fils de Charles du Camboût, marquis de Coislin, et de Philippine de *Beurges*, dame de Sevry, en Lorraine. La famille de Beurges existe encore aujourd'hui.

respect pour les abbés bénéficiers, et. plus
tard l'un de ses neveux étant devenu évêque
d'Orléans, et chargé de nombreux bénéfices,
il en eut toujours, comme il le dit, *une plaie
dans le cœur*. Toutefois, jusqu'à l'âge où il
fut en état de juger de la vanité de ces titres
ecclésiastiques, il mena la vie d'un abbé de
Cour, quoique déjà son goût pour la solitude
et pour les austérités chrétiennes se marquât
par un vif plaisir qu'il avait à lire les Vies
des Pères du désert. Mais il fut contrarié
dans ce goût par le précepteur que ses parents
lui avaient donné, un Jésuite, qui l'entretenait
dans des idées d'ambition, et lui prêchait de
marcher sur les traces du cardinal de Richelieu, son oncle. Sans avoir tout-à-fait ces
hautes visées, sa famille le destinait à la suc-
cession d'un autre cardinal de Richelieu,
Alphonse-Louis du Plessis, archevêque de Lyon
frère du ministre, et son oncle à lui aussi.
Sur ces entrefaites, le livre de la *Fréquente
Communion* d'Arnauld parut. M. de Pontchâteau le lut et le goûta beaucoup. Il chercha
les moyens d'en connaître l'auteur, et, dans
ce dessein, il allait souvent entendre les
prédications de M. Singlin qui prêchait à Port-

Royal de Paris, et qui eut plus tard la plus grande influence sur sa vie.

Son précepteur cependant l'élevait, le plus qu'il pouvait, dans les doctrines molinistes de la grâce, mais M. de Pontchâteau n'était pas d'un tempérament à être séduit beaucoup par la Grâce suffisante et la morale relâchée. Il fut curieux de connaître ce Saint Augustin dont on parlait tant alors, et que les Jansénistes et les Molinistes s'efforçaient réciproquement de tirer à eux. Il lut ses *Confessions*, et la vive impression qu'il en ressentit, lui donna un désir ardent d'être touché, lui aussi, par la Grâce divine, comme l'avait été ce grand Docteur. Pour cela, il fallait quitter le monde, et se plonger dans la retraite. Il s'ouvrit de son dessein à un Chartreux de ses amis nommé Dom Etienne, qui lui conseilla d'en conférer avec M. Du Hamel, l'apôtre que nous avons appris à connaître plus haut. Ce dernier l'adressa à M. Singlin, le directeur janséniste le plus en vogue, qui déjà dirigeait Mme de Longueville et d'autres personnes de qualité dans leurs projets de conversion.

M. Singlin le confirma dans ses idées de retraite, mais l'engagea tout d'abord à se défaire de ses bénéfices, en lui rappelant la manière ridicule et presque scandaleuse dont ils lui avaient été conférés. M. de Pontchâteau eût suivi, dès ce moment, cet avis qui plaisait à son cœur, si, en se mettant sous la direction de M. Singlin, il eût rompu avec son précepteur Jésuite. Mais il faisait de ce dernier le confident des exigences de son directeur, et l'on peut penser si le Jésuite combattait énergiquement le venin janséniste qui déjà s'insinuait dans l'esprit de son élève. Ballotté ainsi entre deux influences contraires, M. de Pontchâteau ne prit d'autre parti que celui de la réforme de ses abbayes qu'il conservait. Il se lia néanmoins avec Port-Royal, mais en qualité d'ami, d'officieux, comme cette abbaye en comptait beaucoup dans le grand monde d'alors.

Son précepteur moliniste imagina alors un moyen héroïque de le soustraire à la gangrène janséniste qui déjà commençait à le ronger, c'est de l'envoyer faire un voyage à Rome. Le voyage à Rome était l'ambition des jeunes ecclésiastiques de qualité, par la perspective des plaisirs de tous genres qui s'offraient à eux dans cette Babylone chrétienne. M. de

Pontchâteau s'enivra de ces plaisirs, comme beaucoup d'entre ses collègues. A son retour. il s'arrêta à Lyon, auprès du cardinal du Plessis, son oncle, dont il était l'héritier présomptif. et qui s'éprit de ce neveu si poli, si bien instruit, si bien fait de toutes manières, au point que, étant déjà vieux et sur la fin de sa carrière. il conçut le projet de lui laisser ses nombreux bénéfices. M. de Pontchâteau, qui avait oublié toutes ses idées d'abnégation et de retraite, était sur le point d'accepter, quand le cardinal mourut subitement, sans avoir pu mettre ses affaires en ordre. Cette mort inopinée rappela M. de Pontchâteau à lui-même (1) : il renoua ses relations avec Port-Royal, et eut même l'idée d'aller s'enfermer à la Trappe et de se faire Chartreux. mais M. Singlin, qu'il vit alors intimement, s'efforça de le rattacher à Port-Royal. Il annonça donc à sa famille son dessein de se retirer du monde, et il allait s'ensevelir à Port-Royal-des-Champs quand arriva la première dispersion des solitaires, par ordre de la Cour, en 1654.

---

(1) Le cardinal lui avait dit, en mourant, qu'il était bien fâché d'être sorti de la Grande Chartreuse, et qu'il aimerait mieux mourir *Dom Alphonse que Cardinal de Lyon*.

Cet événement rejeta M. de Pontchâteau dans le monde. Il se rendit aux Etats de Bretagne, dont il était membre par sa naissance. et y joua même un rôle quelque peu frondeur en parlant contre les levées de deniers ordonnées par le roi, qui causaient tant d'effervescence dans cette province. Apiés, il se relia avec quelques jeunes abbés de Cour qui l'entraînèrent de nouveau à Rome, où il mena la même vie que devant. Une visite qu'il fit aux Catacombes frappa vivement son imagination et lui donna le dégoût de la vie de Rome. Il revint en France, fermement décidé à donner suite à ses projets de retraite. Mais une maladie du duc d'Epernon, son beau-frère, le retint auprès de sa sœur qui avait besoin, en ce moment, de l'assistance des siens. Il eut l'occasion d'y voir quelquefois une demoiselle Brice, fille de qualité de Picardie, avec laquelle il se lia trop intimement au gré de Mme d'Epernon. Cette dernière lui en fit des reproches qu'il accepta mal, ce qui les brouilla pour quelque temps. La scène qu'il eut avec sa sœur donna pourtant des scrupules à M. de Pontchâteau qui, croyant la demoiselle sérieusement compromise, lui offrit de quitter ses bénéfices et de l'épouser. Mlle Brice, qui était très dévote, toute flattée qu'elle fut de cet honneur, lui imposa comme condition, de faire ses Pâques qu'il n'avait pas faites depuis six ans. M. de Pontchâteau accepta. Mais le retour que son examen de conscience lui fit faire sur ces dernières années d'égarement, sur ses projets de retraite tant de fois interrompus, sur ses amis de Port-Royal qu'il avait abusés par des semblants de conversion, tout cela le jeta dans un trouble si grand et une angoisse si profonde, que toutes ses anciennes résolutions se réveillèrent en lui avec une force irrésistible. Il exposa sa situation à M. Singlin, en le priant de le dégager des engagements qu'il avait pris à l'égard de Mlle Brice, si c'était encore possible. M. Singlin y mit tout le tact nécessaire en pareil cas, mais la demoiselle fut si attristée de ce changement subit, auquel elle avait coopéré sans le vouloir, qu'elle en tomba malade, et mourut âgée de 22 ans. On croirait qu'après cette rupture, M. de Pontchâteau était gagné définitivement à Port-Royal. Eh bien ! non : la volonté résistait encore chez lui énergiquement, et toutes les sommations apostoliques de M. Singlin restaient sans effet. « Un jour, raconte Marguerite Périer, la niéce de Pascal, un jour que M. de Pontchâteau était allé voir M. Singlin, cet ecclésiastique lui ayant beaucoup parlé des tentations continuelles qu'il éprouvait dans le monde et des incertitudes dans lesquelles il était, lui dit : « Vous ne voulez donc pas quitter la vie que vous menez ! » A quoi M. de Pontchâteau répondit qu'il le voulait bien, mais qu'il ne le pouvait point encore. M. Singlin reprit : « Ne dites point que vous ne le pouvez pas, mais que vous ne le voulez point ». M. de Pontchâteau se retira ensuite chez lui.... Il fit réflexion, tout le soir, à ce que M. Singlin lui avait dit : « Dites que vous ne le voulez pas.... ! » et il se disait en lui-même : « M. Singlin a raison, c'est que je ne le veux pas. » Il n'eut point d'autre pensée toute la nuit, ne dormit guére, se leva à quatre heures du matin, prit sa résolution, écrivit quelques lettres, et se retira ensuite dans un lieu inconnu à sa famille. Depuis ce temps, il n'a plus vu Messieurs ses parents (1) ».

(1) *Mémoires pour servir à l'histoire de Port-Royal.* Utrecht, 1740. *Relation sur la vie de M. l'abbé de Pontchâteau,* pages 436-437.

Cette conquête au Jansénisme de l'un des plus parfaits hommes du monde qu'ait vus le dix-septième siècle, ne se fit donc pas sans grands combats, ni sans grandes vicissitudes, mais, une fois son parti bien pris, M. de Pontchâteau suivit la voie du renoncement avec une constance admirable et un héroïsme qui nous effraie parfois, tant le sacrifice est poussé loin ! Il se démit de toutes ses abbayes et de tous ses bénéfices, congédia tous ses gens, ne gardant qu'un valet de chambre (1), légua sa bibliothèque à Arnauld, et la plus grande partie de ses biens aux pauvres, en plaça une autre partie en actions de Nordstrand, et ne se réserva pour lui qu'une pension de deux cents écus qu'il se fit à fonds-perdu sur l'Hôtel-Dieu.

C'est vers cette époque, en 1664, que M. de Pontchâteau fit sa première apparition à l'abbaye de Haute-Fontaine. Au moment où il quittait le monde, il trouvait les Jansénistes engagés dans toutes sortes d'affaires où l'influence et

______

(1) Mlle Périer dit même qu'il n'en conserva point. Elle alla le voir un jour, et le trouva occupant une chambre tout seul. Comme elle lui marquait sa surprise de ce qu'il pût se passer de valet, il lui répondit en riant : « Quel mal vous ai-je fait pour que vous me souhaitiez un valet ? » Voir les Mémoires cités à la page précédente.

la diplomatie d'un homme qui avait tenu, par sa naissance, un si haut rang, pouvait admirablement les servir. M. de Pontchâteau se fit donc le diplomate et le voyageur du parti. Il alla visiter cette fameuse île de Nordstrand, qni était alors le point noir dans le ciel plus ou moins serein des Jansénistes. Il y avait là, en effet, de quoi les inquiéter beaucoup. Leur chargé d'affaires, le P. de Cort, supérieur de l'Oratoire de Malines, au lieu de gérer, en bon père de famille, les intérêts des actionnaires, s'éprenait, à ce moment-là, des théories mystiques qu'une Française, aïeule spirituelle de Mme Guyon, Antoinette Bourignon (1), cherchait à répandre dans les régions, si hospitalières à toutes les religions, des Pays-Bas. Cette prophétesse enseignait que le seul bien de l'homme est l'union de son âme avec Dieu,

(1) Antoinette Bourignon naquit à Lille en Flandre en 1616. Parvenue à l'âge de se marier, elle s'enfuit dans un désert habillée en ermite. L'archevêque de Cambrai lui accorda une solitude, où elle forma une petite communauté, sans autre vœu et sans autre règle que l'amour de Dieu et l'évangile. Cette singularité la fit renvoyer. Elle alla se renfermer alors dans une chambre à Lille, où elle vécut seule pendant quatre ans. Elle courut ensuite dans diverses villes et dans différents pays, à Gand, à Malines à Amsterdam, dans le Holstein, et enfin à Francker, où elle mourut en 1680. C'était une fille à révélations et à prophéties. Elle croyait avoir reçu de Dieu la mission de réformer le Christianisme. — Dictionnaire de Moréri.

que le péché n'est pas autre chose que retirer
son cœur de l'amour de Dieu pour le laisser
envahir par l'amour de soi ou celui de quelque autre créature ; que la prière ne consistait
pas dans la parole, mais dans l'élévation de
notre cœur et de notre esprit ; qu'il n'y avait
pas d'autre religion que l'amour de Dieu et
du prochain ; que Dieu se révèle en nous à
chaque instant, non par des miracles, mais
d'une manière spirituelle ; qu'il se manifeste
dans la nature entière par tous les caractères
de beauté qui s'y trouvent ; et qu'il n'y a
rien de plus doux pour une créature humaine
ni de volupté plus suave pour un être mortel
que de vivre en communication constante avec
Dieu et de s'absorber en lui. Mais autant elle
adorait Dieu, autant elle repoussait les idées
indignes qu'on pouvait se faire de lui, soit en
en faisant une sorte de tyran qui punit éter-
nellement et impitoyablement, soit en faisant
de l'homme son esclave, qui ne peut agir
efficacement que par sa grâce. « Ce n'est, disait-
elle, que par son libre-arbitre que l'homme est
l'image de Dieu » ; et, poussant cette idée jusqu'à ses dernières conséquences, elle arrivait
à faire du chrétien une sorte de stoïcien dont

la tâche consiste à se débarrasser de l'escla-
vage des passions et des fautes pour acquérir
cette ressemblance avec Dieu qui doit être
notre idéal.

Cette doctrine, qui élargissait tant le christianisme, était exactement le contre-pied du
Jansénisme qui ne tendait qu'à le rétrécir, car,
pour les Jansénistes, il n'y avait que les élus
de la grâce qui pussent arriver à entrer en
communication avec Dieu ; jusque-là ils devaient
attendre les effets de cette grâce avec crainte
et tremblement. Dieu pouvait tirer l'homme
à lui ; mais l'homme ne pouvait marcher à
lui de lui-même. Antoinette Bourignon, au contraire, reconnaissait tellement que tous les
hommes peuvent marcher à lui, qu'elle se
mettait peu en peine des moyens qu'ils employaient pour cela, et qu'elle embrassait dans
une même tolérance et dans une même charité
les chrétiens de toutes les confessions, et même
les juifs.

Malheureusement Antoinette Bourignon entre-
mêlait ces hautes vues de tant de visions
ridicules et extravagantes, que longtemps on
n'a voulu voir en elle qu'une folle et une

illuminée. Pourtant Bayle (1) la défendait déjà comme un porte-voix de la philosophie qui allait saper toutes les religions ; mais son mysticisme ne trouva pas grâce devant le bon sens voltairien. Jean-Jacques Rousseau l'eut plus appréciée, s'il avait connue, car son Vicaire Savoyard a beaucoup de ressemblance avec elle. Aujourd'hui l'on a remis en lumiére (2) cette prophétesse qui, il y a deux siécles, devinait si bien les aspirations du nôtre, et énonçait tant d'idées élevées et consolantes ; et l'on s'étonne que, au moment où les subtilités théologiques étaient tellement à la mode, elle ait pu prêcher une religion si épurée, si spiri tualisée, et si au dessus des formes et des dogmes.

Tel est le nouvel Evangile qui, avec Antoinette Bourignon, venait aborder les côtes de Nordstrand, où déjà le luthéranisme, le catholicisme, et le jansénisme s'étaient implantés. Cette île de Nordstrand devait être une vraie

---

(1) Nouvelles de la République des Lettres (avril 1685).

(2) Voir l'*Etude sur Antoinette Bourignon*, la prophétesse des derniers temps, par un Anonyme, 1 vol, 1876, Paris, Sandoz et Fischbacher. — Voir aussi l'intéressante notice que lui consacre M. Ad. Franck, dans ses *Essais de critique philosophique*, Paris, Hachette, 1885. — Les idées d'Antoinette Bourignon ont inspiré quelques idéalistes modernes, tels que Saint-Martin, et Jean Reynaud dans son livre de « *Terre et Ciel.* »

Babel des religions. On conçoit que des âmes tendres aient pu se laisser séduire par cette extatique, mais ses théories étaient dangereuses pour un administrateur qui ne doit pas perdre la terre de vue. Le P. de Cort ne s'en laissa pas moins séduire ; on ne sait au juste jusqu'à quel point, mais, dans tous les cas, les intérêts de la colonie janséniste furent sacrifiés aux idées nouvelles qu'Antoinette Bourignon apportait avec elle. Cette situation critique amena M. de Pontchâteau à Nordstrand, mais toute sa diplomatie n'empêcha pas un procès qu'il fallut faire à M. de Cort, au grand scandale de Bayle, qui trouvait que des gens aussi détachés du monde que les Jansénistes se donnaient par là un air d'avidité qui ne leur allait point, et que leur *morale pratique* contredisait quelque peu leur *morale spéculative*. Ce que nous avons pu tirer du peu de documents qui restent sur cette question, témoigne que les meneurs du Jansénisme manquèrent au moins de charité, car ils allèrent jusqu'à faire arrêter leur mandataire (1). Nous avons

(1) Il existe une lettre d'Antoinette Bourignon à Arnauld, datée d'Amsterdam du 30 mai 1669, dans laquelle elle réclame vivement contre l'injuste arrestation du P. de Cort qui avait été faite sur la demande de Gorin de Saint-Amour, le mandataire des Jansénistes à Nordstrand.

dit plus haut l'issue de cette malheureuse affaire de Nordstrand.

Au retour de son voyage, M. de Pontchâteau, passant par Saint-Dizier, y rencontra M. Vuillart, le secrétaire de l'abbé Le Roi, qui venait au devant de lui pour l'engager à s'arrêter à Haute-Fontaine. Notre voyageur avait beaucoup connu l'abbé Le Roi du temps que ce dernier était chanoine de Notre-Dame de Paris ; et, au moment de ses premières relations avec Port-Royal, il était allé le voir quelquefois dans sa maison de Mérentais, la retraite quelque peu épicurienne de l'abbé. M. de Pontchâteau passa un mois à l'abbaye de Haute-Fontaine, et, comme il était toujours en quête d'une retraite et d'une solitude, il songea à celle-là, et se promit bien d'y revenir et de s'y fixer, quand toutes les difficultés où se débattait le Jansénisme ne réclameraient plus ses services.

Il quitta Haute-Fontaine le 15 octobre 1664, après avoir donné congé à son valet de chambre, bien résolu à n'en plus avoir. Il emprunta un cheval à M. Le Roi, et s'en vint à Paris, déguisé sous un habit très-commun, avec une grande perruque. C'était le moment de la première grande persécution contre le Jansénisme. On voulait forcer tous les religieux et religieuses de Port-Royal et en général, tous les religieux de France à signer le Formulaire condamnant les propositions de Jansénius qui étaient l'Evangile du parti. Tout ce qui portait le cachet du Jansénisme était donc plus que jamais suspect. Il se cacha à Paris avec deux ou trois solitaires errants comme lui, dans une maison du faubourg Saint-Antoine, vivant dans une grande pénitence, ne mangeant point de viande, ne buvant point de vin, et observant exactement, dans tout le reste, la même vie que la plupart des solitaires de Port-Royal menaient. M. de Pontchâteau s'était chargé de la culture du jardin, mais il quittait, de temps en temps, la bêche pour écrire des Mémoires, donner des consultations, tenir des conférences avec les chefs du parti, choses auxquelles son esprit souple, et sa grande connaissance du monde le rendaient particuliérement propre.

M. de Saci venait d'achever la traduction de la Bible connue sous le nom de *Nouveau-Testament de Mons*. M. de Pontchâteau se rendit en Hollande, et fit tirer, à ses frais, la première édition de cet ouvrage par Elzévir, puis, au péril de ses jours, il fit entrer à Paris, une charrette remplie d'exemplaires de cet ouvrage sévèrement prohibé en France. En 1669, il prit une grande part aux négociations qui devaient amener la Paix de l'Eglise ; et, après la conclusion de cette paix boiteuse, croyant sincèrement que les Jansénistes et ceux soupçonnés de Jansénisme pouvaient désormais respirer, et que l'ère des luttes était terminée, il prit enfin le parti de la retraite. Il jeta, pour cet effet, les yeux sur une petite maison bâtie au dessus de la montagne des Granges dominant l'abbaye de Port-Royal, et s'y installa, malgré la protestation de ses amis qui le jugeaient propre à un emploi plus utile pour le bien de la secte. « Cette maison n'était composée que d'une grande chambre accompagnée d'un palier pour y entrer, et d'un escalier pour monter au grenier qui était au dessus. La chambre était tapissée d'une simple natte, et l'on y avait fait un retranchement pour faire un petit cabinet à cette maison. On y avait joint un petit jardin. M. de Pontchâteau fit mettre dans sa chambre quelques

tablettes pour y placer ses livres, une table
de bois, des chaises de paille, et composa son
lit sur deux tréteaux d'une paillasse piquée,
sur quoi il ajoutait une claie d'osier et un
blanchet qui lui servait de drap. Il avait pour
oreiller un chevet de paille, et pour ciel-de-
lit un châssis couvert de toile verte auquel il
attachait des tringles pour porter des rideaux
de serge verte qui servaient à cacher son lit
pendant le jour. Il mit, dans le lieu principal
de sa chambre, une grande croix de bois, et,
dans tout le reste, diverses sentences tirées
de l'Écriture Sainte, quelques cartes de géogra-
phie, quelques portraits gravés de ses amis,
et une vue de la Grande-Chartreuse (1) ».

C'est dans cette humble solitude que se
retira le neveu du cardinal de Richelieu. Il
choisit, pour son occupation ordinaire, la culture du jardin, et c'est sous le nom de *jardinier des Granges*, qu'il est devenu presque
légendaire. Il portait aussi le nom de *M. Mercier*. Il était habillé de bure ; son linge était

---

(1) Tous ces détails sont tirés d'une Vie manuscrite
de l'abbé de Pontchâteau, qu'on attribue à l'abbé de
Beaubrun, et que possède la colonie Janséniste d'Utrecht.
— Voir Sainte-Beuve, *Port-Royal*, tome VI, appendice.
— Racine avait eu l'intention d'écrire une vie de M.
de Pontchâteau, mais il ne donna pas suite à son
projet.

des plus grossiers ; et souvent il portait un cilice. « Quelle fut ma surprise, nous dit Fontaine, (1) lorsque, au lieu de ces habits propres que je lui avais toujours vus, je le vis descendre des Granges en l'abbaye avec un habit de jardinier, un petit panier à son bras ! Il vit ma surprise, et s'approchant de moi, il me dit en souriant, avec un air gai qui lui était naturel : « Petit Mercier, petit panier », me montrant son panier et m'avertissant qu'en changeant d'habits il avait changé de nom et s'appelait Mercier...... J'allais souvent le voir travailler avec M. Bouilli (2), et prêter le collet à ceux qui labouraient le plus. La délicatesse de son corps ne l'empêchait pas de s'y mettre. Sa fièvre quarte, à laquelle il était sujet, ne le retenait en rien : « Elle me tourmente bien, me disait-il un jour, mais je lui donne aussi beaucoup d'exercice. » — « Dans les commencements, lorsqu'il était revenu des champs où il avait fait la moisson avec les paysans, il changeait de chemise parcequ'il était tout en eau. Mais, s'apercevant qu'ils n'en changeaient

(1) *Mémoires sur Port-Royal*, Utrecht, 1736, tome II, pages 546 547.

(2) Le Maître-jardinier de Port-Royal.

point, il leur demanda comment ils faisaient. Ils lui répondirent : « Celui qui nous mouille nous sèche », parlant du soleil. Depuis ce temps, il fit comme eux, et ne changea plus de chemise (1) ».

Il appelait les domestiques de l'abbaye *ses frères*, et partageait avec eux les travaux les plus bas et les plus humiliants, jusqu'à porter des herbes au marché, jusqu'à creuser la fosse des morts. Il aidait à les ensevelir et à les enterrer ; il veillait les malades ; il cueillait les fruits, et, quand on faisait la pêche de l'étang ou les vendanges du vin et du cidre, il venait comme un homme de journée, faire tout ce qu'on lui ordonnait (2) ». Il faut de la subordination, disait-il à Fontaine, et se laisser conduire de la même sorte qu'un artisan conduit les instruments qu'il choisit à l'ouvrage où il est employé. Ce doit être un autre qui ordonne à un pénitent ce qu'il doit faire. Ma bêche dépend de moi, et moi, en m'en servant, je dépends de celui qui m'applique à mon travail... Pour moi, si l'on me commandait quelque chose

(1) Vie manuscrite de M. de Pontchâteau, Sainte-Beuve, *Port-Royal* tome VI, appendice, page 321.

(1) *Mémoires pour servir à l'Histoire de Port Royal*, Utrecht, 1740, Vie de M. de Pontchâteau, pages 439-440.

de pénible, et qui fût au-dessus de mes forces,
j'obéirais, en me souvenant que Jésus-Christ
a obéi jusqu'à la mort.... » (1).

Il gardait, en travaillant, un silence absolu,
suivant, en cela, dans une exactitude, la règle
de Saint-Benoît. « Notre travail, disait-il encore
à Fontaine, doit être différent de celui des
paysans, et il l'est lorsque nous nous taisons
en travaillant. — Les affaires du monde, dont
l'on s'entretient d'habitude, souillent la langue
d'un solitaire qui doit toujours louer Dieu....
Je tremble quand je vois dans l'Evangile que
nous rendrons compte de toute parole oisive ;
et toutes paroles oisives, dit Saint-Basile, sont
celles qui ne servent de rien pour notre
salut.... C'est pourquoi on a raison, dans les
religions bien réglées, de ne souffrir aucun
entretien aux Religieux, si on ne croit qu'ils
en seront édifiés (2) ».

Il se couchait tout habillé sur une claie
d'osier recouverte de branchages, que le judi-
cieux Nicole ridiculisait quelque peu en disant
« qu'il n'avait jamais été plus tourmenté que
par des gens qui couchaient sur des sarments »

---

(1) Mémoires de Fontaine, tome II, pages 549 550.
(2) Mémoires de Fontaine, tome II, page 550.

faisant allusion à l'attitude prise par M. de
Pontchâteau dans la querelle dont nous avons
parlé ci-dessus. Il ne mangeait presque jamais
de viande, et usait, pour sa boisson, du cidre.
tel qu'on le donnait aux valets. Il ne faisait
qu'un repas par jour, et, la dernière quinzaine
de carême, il ne mangeait que des fruits secs (1).
Le bruit de cette pénitence extraordinaire se
répandit dans tout le pays. On venait de loin
voir ce fameux jardinier des Granges. Les
illustres pénitentes de Port-Royal, Mme de Longueville et Mme de Sablé, faisaient de vains
efforts pour l'attirer et pour l'apprivoiser (2).
« Quelques paysans des environs, qui l'avaient
vu passer plusieurs fois à Port-Royal en équi-
page d'abbé en allant à Mérentais chez M.
l'abbé Le Roi, disaient, tout étonnés de le
voir vêtu en jardinier : « Vraiment c'est M.

(1) Vie manuscrite de M. de Pontchâteau, par l'abbé
de Beaubrun, *Port-Royal* de Sainte Beuve, tome VI,
page 320.

(2) Il s'étonnait presque quand Mlle de Vertus ou
Madame de Longueville daignaient lui parler, et disait :
« Je ne suis qu'un planteur de choux ». — Il consentit, avec beaucoup d'efforts, à aller voir un jour
Mme de Longueville, et cette princesse l'ayant prié de
s'asseoir, il lui dit agréablement : « Que dirait on,
Madame, si l'on voyait un jardinier s'entretenir avec
vous et être assis en votre présence ? » et elle répondit : « On dirait que je suis bien humble. » Vie
manuscrite de M. de Pontchâteau.

l'abbé de Pontchâteau ; nous le connaissons bien (1) ».

« Il avait tellement retourné ses idées sur la noblesse, nous dit Sainte-Beuve, qu'il rougissait de ses parents quand on les lui rappelait, comme eût rougi un parvenu, homme de peu, qui aurait eu de la vanité (2) ». — « La comtesse d'Harcourt, sa sœur, étant morte, raconte la sœur Le Féron, (3). M. Le Nain de Tillemont lui écrivit une lettre de consolation sur cette perte. Il me dit ensuite qu'il avait été tout mortifié de ce que, en lui écrivant de cette mort, on disait qu'il avait perdu *Madame sa sœur*. Il eût voulu que son humiliation fût retombée sur toute sa famille, et il ne pouvait souffrir qu'avec une extrême peine lorsqu'il apprenait qu'elle croissait dans la faveur du monde..... Il m'a dit qu'il avait une grande dévotion à ces paroles de Job : « *Putredini dixi : Pater meus et mater mea et soror mea vermibus*. J'ai dit à la pourriture : Tu es mon père et ma mère, et aux

______

(1) Vie manuscrite de M. de Pontchâteau par l'abbé de Beaubrun, *Port-Royal*, tome VI. page 321.

(2) *Port-Royal*, livre VI, pages 258-259.

(3) *Mémoires de la Sœur Elisabeth de Saint-Agnès Le Féron*, religieuse de Port-Royal. — Manuscrit de la Bibliothèque de l'Arsenal, Belles-Lettres, p. 375 bis et ter.

vers de la terre .: "Vous êtes mes sœurs », et
que c'était véritablement la généalogie qui lui
convenait le mieux ».

Ce n'était pas, d'ailleurs, un jardinier riant
et fleuri que le jardinier des Granges. « On
ne savait pas là ce que c'était que de cueillir
des fleurs, nous dit ingénument le bon Fontaine ; et d'un seul coup, on remarquait que
c'étaient les jardins de personnes pénitentes,
où il ne fallait point chercher d'autres fleurs
que les vertus de ceux qui les cultivaient ! »
Tant il est vrai que l'austère jansénisme marquait tout jusqu'au jardinage, de son sceau
particulier !

Tel est, dans les principaux traits de sa vie,
le personnage extraordinaire qui vint étonner
et édifier, pendant plus d'une année, les Religieux de Haute-Fontaine, et les populations
des environs. C'était après la rupture de la
Paix de l'Eglise. M. de Pontchâteau était
suspect, fugitif et errant, comme tous les jansénistes de marque l'étaient alors. Les malheurs de son parti l'avaient forcé de quitter
sa chère solitude, de déposer la bêche et le
hoyau pour se refaire diplomate, pour aller

solliciter à Rome (1) pour aller, à Commercy essayer d'amener à des idées de conversion le fameux cardinal de Retz, qui, dans sa solitude dorée, avait quelques velléités de se faire ermite (2). Il alla aussi en Hollande pour conférer avec Arnauld. Au retour de ces voyages, auxquels il se condamnait avec une résignation stoïque, se voyant proscrit de Port-Royal, ayant le séjour de Paris en aversion, et tourmenté plus que jamais du besoin de solitude, il se ressouvint de Haute-Fontaine, et résolut d'y venir chercher un refuge, mais, au moment de s'y rendre au mois de Juin 1681, il apprit que l'huissier Macon avait été y faire une visite par ordre du Roi. Cette malencontreuse affaire et le soin de sa sûreté le rejetèrent dans la vie errante, mais nous le trouvons établi enfin à Haute-Fontaine au commencement de Juin de l'année 1683.

(1) C'est M. de Pontchâteau qui contribua beaucoup à la réconciliation passagère du Jansénisme avec la Cour de Rome, dont nous avons parlé plus haut.

(2) M. de Chantelauze a fait un Mémoire très-curieux sur les rapports du cardinal de Retz avec les Jansénistes. Il en ressort que le rusé cardinal dupa les Jansénistes comme il en dupa bien d'autres. Il se servit un moment d'eux et de la peur qu'ils faisaient à Rome pour extorquer au Pape le chapeau de cardinal, menaçant de se mettre à leur tête si on ne le satisfaisait pas. Mais une fois qu'il eut le chapeau, il se dégagea entièrement du Jansénisme, en laissant toutefois croire aux chefs du parti qu'il était de cœur avec eux. Ils le récompensèrent de cet appui platonique, en payant ses dettes qui se montaient à près d'un million.

Il y arrivait au moment où les Religieux de l'abbaye d'Orval, appelés par l'abbé Le Roi, y faisaient leur entrée, et que les projets de réforme, si longtemps médités par l'abbé, semblaient enfin aboutir. Il en eut une grande joie, qui se manifeste dans une lettre qu'il écrivit à l'un de ses amis : « Nous avons depuis dimanche dernier, dit-il, un nouveau Prieur et de nouveaux Religieux, c'est le Père Prieur d'Orval, qui a amené trois Religieux de chœur avec un prêtre qui a quitté ses bénéfices pour se faire religieux. Ils sont venus pour établir une réforme à Haute - Fontaine, et, depuis qu'ils sont arrivés, ils ont beaucoup édifié. Le Mercredi Saint, ils ont reçu les Cendres nu-pieds. Si vous les voyiez, vous en seriez charmé : c'est une modestie et un recueillement sans affectation, une gravité dans le chant, une gaieté sur le visage et dans l'entretien, une exactitude aux observances, enfin un composé de tout ce qui peut faire aimer la vie religieuse. Je crois qu'on chantera tous les jours la grand'messe à onze heures en carême, et vêpres à trois heures, parcequ'ils ne mangent qu'à quatre heures. Je n'en dis pas davantage, car ayant diverses choses à faire pour leur accommodement, je suis souvent occupé : j'entends un peu le ménage d'un cloître (1). » Si l'on veut avoir une idée de la vie cénobitique inaugurée par la réforme d'Orval, qu'on lise cet autre passage d'une lettre de M. de Pontchâteau :

« Nous nous levons à deux heures du matin pour dire matines : cela dure jusqu'à quatre heures. A cinq heures et demie, l'ont fait la prière, ensuite on entend la messe, et puis on dit prime ; cela dure jusqu'à sept heures, et alors, après avoir mangé un morceau de pain et bu un coup ou deux, on s'en va au travail qui n'est interrompu jusqu'à deux heures que par tierce et sexte qu'on dit à deux heures ; le travail, c'est d'épandre du fumier, de labourer de la terre en friche, d'arracher des souches, couper du bois, faire la lessive, balayer, récurer, etc. A deux heures, none, et puis dîner. Après le repas, la conférence : on dit ensuite les Vêpres, et, après avoir bu un coup, toujours d'eau légèrement trempée de vin, on va à la lecture et à Complies. Puis il faut aller dormir, car, à deux heures, il n'y a plus d'appel. »

____

(1) Lettre datée de Haute-Fontaine, du 25 février 1683.

M. de Pontchâteau jouissait donc enfin de la solitude, non pas précisément de celle qu'il eût rêvée, car il ne rêvait que Port-Royal, et l'archevêque de Paris, Harlay, lui en interdisait le séjour (1) ; mais enfin Haute-Fontaine, avec tous les sujets d'édification qu'y avait apportés la colonie d'Orval, plaisait extrêmement à son cœur. « L'on mène dans les monastères bien réglés, disait-il, une vie plus pure et plus sainte, l'on y tombe plus rarement, on s'y relève plus promptement de ses chutes, on y marche avec plus de circonspection, dans un plus grand repos d'esprit et de cœur ; on y est arrosé d'une plus grande abondance de grâces, on y est plus tôt purifié de ses péchés, on y acquiert une plus grande récompense dans le ciel. »

Le calme et les loisirs dont il jouit à Haute-

----

(1) Ce n'est pas que, en haut lieu, on n'eût pas quelques ménagements pour ce neveu de Richelieu si détaché des grandeurs du monde. Le roi Louis XIV dit un jour à son neveu, M. d'Armagnac, en plaisantant avec lui, qu'il avait un oncle qui, disait-on faisait bien des choses pour les Jansénistes, et qui suivait le parti avec beaucoup d'ardeur ; et le comte lui ayant répondu qu'il pouvait assurer sa Majesté que son oncle ne ferait jamais rien contre son service, le Roi lui répartit qu'il n'en avait jamais douté. » *Vie manuscrite de M. de Pontchâteau. —* M. de Pontchâteau, de son côté, était, comme tous ses contemporains, dans l'éblouissement devant la Majesté royale, et la crainte de lui déplaire le paralysait.

Fontaine pendant plus d'une année lui permirent de se livrer entièrement à ses goûts ascétiques. « Durant son séjour, nous dit son biographe (1), il allait le matin à la messe et ne parlait à personne jusqu'à l'heure du dîner. L'après-dîner, il allait à Vêpres, et observait le même silence jusqu'au souper. Lorsqu'il n'avait point d'occupation nécessaire, il se promenait dans de grandes allées d'un bois solitaire ou s'asseyait au pied d'une grande croix dans l'herbe, et regardait les divers contours de la Marne qui serpente dans une longue étendue de pays ; ensuite il s'occupait de lire tout ce qui pouvait nourrir en lui le désir qu'il avait d'une retraite entière, et pour lui faire supporter le regret sensible d'être séparé de Port-Royal que nul autre lieu ne pouvait suppléer, et dont il disait souvent qu'il aimait jusqu'à la poussière. Lorsqu'il était rentré dans sa chambre, il s'occupait à traduire quelques ouvrages de Port-Royal, ou à en extraire quelques sentences, et aux autres exercices de piété qu'il s'était prescrits, car il n'avait rien diminué de ses austérités et de sa péni-

___

(1) L'abbé de Beaubrun, dans sa *Vie manuscrite de M. de Pontchâteau.*

tence... Il était dans une terreur continuelle des jugements de Dieu. « Je touche à la vieillesse, disait-il, et je n'ai pas encore commencé à servir Dieu. » Et, sur ce qu'un de ses amis lui demandait ce qu'il avait encore à faire après avoir tout quitté, il répondit : « Vous demandez ce que j'ai encore à quitter dans le monde ? Moi-même, l'estime que je fais de moi-même, l'amour de ma santé, de mon corps, de mes commodités, la complaisance que je trouve dans l'amitié des personnes avec qui je suis, et cent autres choses que je ne fais qu'entrevoir présentement, parce qu'il y a d'autres choses plus grossières qui m'occupent et m'empêchent de voir ce que j'aperçois dans la retraite. » — « Tout de bon, disait-il, encore, il m'ennuie de vivre, car je ne m'amende point. Un de nos Religieux était tout affligé l'autre jour parcequ'il revenait de sa maladie : j'aime à entendre parler de bonnes gens comme lui, à qui la vie est ennuyeuse par la crainte de retomber dans leurs fautes ordinaires, qui ne sont néanmoins que des bagatelles en comparaison des miennes »…. Pendant l'hiver il se passait absolument de feu, et ne se chauffait qu'à l'occasion des repas, n'en ayant jamais dans sa chambre. Il s'occupait souvent, dans la journée, à cultiver la terre, et à avoir soin du jardinage, et, lorsqu'on lui représentait qu'il pouvait s'occuper à toute autre chose, il disait bonnement qu'il n'était propre qu'à planter des choux, et à remuer la terre ; qu'il appréhendait beaucoup la vie sédentaire. Il se plaisait beaucoup au chant de l'office divin et aux exercices réguliers de la vie monastique, et il ne fut pas peu charmé quand il vit venir à Haute-Fontaine une nouvelle colonie de Religieux d'Orval. »

La joie que lui causa cet événement eût sans doute décidé M. de Pontchâteau, exilé définitivement de Port-Royal à se fixer à Haute-Fontaine sans esprit de retour, si la mort de l'abbé Le Roi, arrivée au moment où il touchait au port de cette réforme si désirée, le 19 mars 1684, ne fût venue tout remettre en question (1). Cette mort fut un grand

---

(1) Avant sa mort, M. Le Roi avait vendu sa bibliothèque, composée en grande partie des livres de Peyresc, et qui servit d'arsenal aux polémistes du Jansénisme, aux religieux bénédictins de Saint-Pierre de Châlons, qui, la joignant avec ce qu'ils avaient déjà de livres, en ont fait une très belle bibliothèque. Ceux de M. Le Roi sont marqués la plupart, du nom de Jésus, qui est entouré de ces mots ; *Videte, vigilate, orate,* avec les armes de l'abbé.

malheur pour le parti janséniste . Elle le privait, non seulement d'un adepte influent, d'une sorte de Mécéne toujours disposé à le protéger de toute manière, mais encore d'une agréable retraite où l'on trouvait au besoin un asile commode et sûr. L'abbé Le Roi était l'un des hommes dont les jansénistes se glorifiaient le plus. Sa réputation littéraire, ses nombreuses relations en haut lieu, le privilége qu'il eut de conserver sa position sans être assujetti à la vie errante et pleine de traverses de ses amis, l'habileté, ou peut-être plus simplement le bonheur qu'il eut, en donnant des encouragements, en poussant même à la révolte, de ne pas être poursuivi et harcelé : toutes ces causes réunies lui donnaient un grand prestige . On ne l'appelait que *l'illustre abbé*. En résumé ce fut un homme heureux, et rien n'est plus propre que le bonheur à inspirer l'indulgence et l'admiration, même auprès des jansénistes. Il était donc à prévoir, que, lui mort, son abbaye serait à peu près perdue pour le parti. En effet, les projets de réforme furent abandonnés ; les Religieux d'Orval durent retourner dans leur abbaye, et M. de Pontchâteau dut chercher un autre asile.

Dom Clémencet, dans son Histoire de Port-Royal, (1) nous donne quelques détails sur la mort de l'abbé de Haute-Fontaine. « Le 29 de mars 1684, nous dit-il, Port-Royal perdit un fidèle ami et un zélé défenseur de la vérité et de l'innocence par la mort de M. Le Roi, abbé de Haute-Fontaine, maison de l'Ordre de Cîteaux, au diocèse de Châlons en Champagne.... Il avait beaucoup de goût pour la lecture et pour la retraite.... Ses occupations continuelles étaient les bonnes œuvres, la prière et la lecture de l'Ecriture et des Pères. Il ne perdait pas un moment, regardant le temps comme la chose la plus précieuse qu'il y ait, puisqu'il nous est donné pour acquérir l'éternité. La partie de l'Ecriture à laquelle il prenait le plus de goût était les Epîtres de Saint-Paul : il les lisait sans cesse et en était comme insatiable. C'est là qu'il avait puisé un ardent amour pour Jésus-Christ, qui lui faisait dire souvent avec le grand Apôtre : « *Qui non amat Dominum Jesum Christum anathema sit.* » Que celui qui n'aime pas Jésus-Christ soit anathème. Il avait un zèle extraordinaire et tout de feu pour la doctrine de la nécessité

____

(1) Tome VIII, pages 40 et suivantes.

d'aimer Dieu pour être réconcilié avec lui et être sauvé. « Ah ! qu'on serait heureux, disait-il peu de jours avant sa mort, s'entretenant avec un ami, si l'on pouvait pourrir dans un cachot ou mourir sur un fumier pour avoir la consolation de bien soutenir et de voir bien reconnue et bien établie la doctrine de l'Amour de Dieu ! Quel bonheur pour nous, mon cher Monsieur, si ce pouvait être là notre fort ! Ne seriez-vous pas ravi qu'il vous fût commun avec moi ? » Il n'était pas moins zélé pour la doctrine de la Grâce de Saint-Augustin qu'il avait étudiée à fond (1). On peut voir quels étaient ses sentiments sur cette importante matière dans sa *Prière de la Grâce*, qu'il nommait sa *Confession* de foi. Son attachement à cette sainte doctrine de la Grâce lui donna une telle horreur du Formulaire, qu'il ne croyait pas qu'on pût le signer purement et simplement, même pour le droit, c'est-à-dire

(1) Guillaume Le Roy écrivit pour la défense des Hymmes de Port-Royal contre les Jésuites qui accu-saient les Jansénistes d'avoir falsifié les textes sur tous les points où la question de la Grâce et de la rédemp-tion universelle était en jeu. En effet, au lieu de tra-duire *Christe redemptor omnium* par *Jésus, sauveur de tous les hommes*, ils mettaient : *Jésus, clair flam-beau des fideles*. Ce trait démontre bien l'esprit jansé-niste, et l'on ne voit trop comment l'abbé Le Roy défendait cette traduction. — Voir Richelet, dictionnaire, à l'article *Adam*, jésuite.

sans marquer dans quel sens les Propositions étaient condamnables, tant il craignait qu'on ne lui donnât quelque atteinte (1).

   La sincérité ne nous permet pas de dissimuler que M. l'abbé Le Roi, par un abus d'autant plus déplorable qu'il se rencontre dans un homme de bien, posséda, pendant la plus grande partie de sa vie, deux bénéfices. Sur quoi M. Arnauld, usant de cette liberté évangélique qui lui était si naturelle, lui écrivit plusieurs lettres très fortes : une, entre autres dans laquelle il rappelle M. Le Roi aux régles des Conciles dont il lui fait un abrégé. Le pieux abbé se soumit aux salutaires avis de cet ami chrétien, non seulement pour ce qui concernait la *pluralité* des bénéfices(2), en se démettant de son abbaye de Verdun, mais il prit même la résolution de quitter l'abbaye de Haute-Fontaine

____

(1) Nous avons vu, au contraire, plus haut, qu'il fut l'un des plus dociles a signer, et qu'il en eut des remords sur la fin de sa vie. C'est ce qui le porta à rétracter sa signature. Il faut un peu se défier de ces éloges outrés que les historiens jansénistes du jansénisme donnent à leurs grands hommes, dont ils voudraient faire des saints.

(2) La pluralité des bénéfices fut d'abord autorisée, par le Concile de Latran, pour l'utilité de l'Eglise : on donnait à un curé, dont le revenu etait trop modique quelque autre bénéfice pour le mettre en état de desservir sa cure : mais cet abus devint bientôt la règle. — Voir Fleury, Droit ecclésiastique, tome I, page 493.

qu'il avait scrupule de posséder en *commende* (1).
M. Arnauld, qui lui avait donné ce conseil,
l'en fit souvenir dans une lettre du 16 ·août
1681 : cependant M. Le Roi n'exécuta pas son
projet. Mais ajoutons que, si l'abus de la pluralité des bénéfices, qui est trop contraire aux
régles de l'Eglise pour qu'on puisse le justifier
pouvait être excusable, il l'aurait été dans M.
l'abbé Le Roi par le bon usage qu'il fit de
ses revenus. Non content de les employer au
soulagement des pauvres, il y fit encore servir
ses propres fonds, n'ayant pas laissé, en mourant, le quart de plus de cent mille écus de
bien du patrimoine qu'il avait reçu de sa famille. »

---

(3) « Je crois, écrit Arnauld à M. Treuvé, à la
date du 15 Octobre 1884, qu'absolument parlant on peut
être abbé commendataire en sûreté de conscience ; mais
en même temps je crois qu'il y en a bien peu qui
ne se damnent, parceque mon sentiment est que les
commendes sont du nombre des choses que Saint
Thomas dit n'être pas essentiellement mauvaises, mais
qui contiennent plusieurs difformités qui les rendent mauvaises, à moins qu'elles ne soient corrigées par *circum-
stancias honestantes.* »
— M. de Pontchâteau est encore plus intraitable sur
l'article des commendes ou bénéfices conférés par le
pape. « Il y a des gens, écrivait-il à Mme d'Epernon,
sa sœur, intéressés à croire qu'il peut disposer comme
il le veut, du bien de l'Eglise, et le donner, s'il voulait,
à un chien. En effet, comme disent les paysans, il
n'y a guère de·différence entre le donner ainsi ou le
donner aux chiens, et il n'est guère mieux employé ;
c'est une étrange malédiction que les bénéfices. Plût
à Dieu de n'en avoir jamais eu, et de les avoir quittés
dès que j'en ai eu le désir la première fois ! » Nous
avons vu la honte qu'il eut de ses bénéfices et la
manière dont il s'en dépouilla.

Nous avons appuyé, dans le cours de cette histoire, sur d'autres faiblesses de l'abbé Le Roi. Nul de nous n'est sans défaut. Bien abrité dans son abbaye, il couvrit de fleurs les victimes de toutes ces querelles théologiques ; il leur envoyait ses encouragements et ses consolations, qui nous font un peu sourire quand on songe combien peu il se dérangeait pour aller partager leurs dangers et leurs traverses. « Pouvait-il, nous dit encore Dom Clémencet, ne pas s'intéresser à ce qui regardait les saintes Religieuses de Port-Royal qui étaient persécutées pour la vérité, et, étant errantes, supportaient le poids du jour et de la chaleur ? Non, sans doute. Il conçut pour elles une estime particulière, regardant la persécution qu'on leur faisait comme la récompense de leur piété et le couronnement de leur innocence (1). Leur état lui paraissait tel qu'un vrai chrétien ne pouvait le regarder qu'avec des sentiments de joie et de désir d'avoir part au même bonheur. Il écrivit à ces saintes filles pour les féliciter de leurs souffrances et les

____

(1) Lettre de M. Le Roi du 29 mai 1681. *Recueil de pièces sur le Formulaire*, 1754, page 322.

fortifier (1). Il prenait leur défense et faisait leur Apologie (2). » On a vu plus haut qu'il enviait le sort de Job, mais il se gardait bien de l'imiter.

Nicole, qui le connaissait bien, nous l'a dépeint dans une de ses lettres, en parlant de ses amis tracassiers dont il eut tant à souffrir : « J'avais, dit-il, à choisir entre la vie qu'ils mènent eux-mêmes, (le repos et la retraite), ou d'être toujours errant, inutile, incommode à tout le monde, et un objet de terreur pour la plupart de mes amis qui appréhendaient mes visites et mes lettres comme on appréhende les apparitions des spectres et des esprits, le monde étant rempli *de gens qui aiment la générosité et le dévouement pour les autres, et la sûreté pour eux* (3) ». M. l'abbé Le Roi aimait avant tout sa sûreté et son repos ; il exigeait beaucoup de ses amis : il les poussait dans l'arène et leur dictait leurs rôles : c'était un contemplatif, un mystique, une sorte de dilettante chrétien qui ne comprenait l'action

---

(1) Voir, dans le même Recueil, plusieurs lettres de M. Le Roi.

(2) Lettre d'un Solitaire à...... sur la persécution qu'on faisait aux Religieuses de Port-Royal, 1661.

(3) Lettre à M. de Saci du 10 septembre 1679.

que sous une forme de patronage élevé ; un rêveur à qui le Jansénisme plaisait par ses subtilités, et qui avait un faible pour toutes les formes de dévotion un peu hasardées ; qui, s'il eût vécu plus longtemps, se serait fait quiétiste, et à qui ses ennemis reprochaient une sorte d'idolâtrie de la Vierge (1) ; en résumé, un honnête homme, un homme timide, un homme aimable, égaré dans un parti qui voulait des martyrs et des gens décidés à risquer le tout pour le tout : voilà ce qui donne la clef de la conduite de M. Le Roi dans la plupart des crises du Jansénisme (2).

(1) Les Jésuites et les Récollets de Vitry le décriaient beaucoup sur cet article, comme nous l'avons vu plus haut.

(2) Voici, selon Moreri (Dictionnaire, article Le Roi) l'épitaphe qu'une personne, qui avait passé 27 ans près de lui, fit mettre près de son tombeau, à l'église de Haute-Fontaine aujourd'hui détruite :

HIC JACET
GUILLEMUS LE ROI,

Olim insignis ecclesiae parisiensis canonicus et sacerdos, tum hujus monasterii de Altofonte per triginta circiter annos verè abbas, incola et cultor, exemplo, continuis precibus, laboribus sacris, effusissimà in pauperes liberalitate omnibus notus, omnibus carus, hunc habuère asylum sacerdotes, beneficum ascetae, sacrae virgines patrem ac ducem oppressi defensorem, sancti patres interpretem, evangelica morum doctrina fidei que veritas vindicem acerrimum simul et mitem, nec non intrepidum amatorem. Obiit anno actatis 74, a Christo nato 1684, 19 Martii. »

— Moréri donne aussi la liste de ses ouvrages, presque tous de controverse. Ils se montent à 15. M. Le Roi a laissé aussi des Mémoires manuscrits dont parle Moréri. Il s'agirait de les trouver.

Un aussi aimable homme que l'abbé Le Roi dut
se faire beaucoup d'amis, et l'un des principaux
fut celui qui lui servit de secrétaire pendant
vingt-sept ans, et qui a laissé un certain nom
dans l'histoire du Jansénisme, M. Vuillart. M.
Vuillart avait habité Haute-Fontaine pendant
tout le temps que son maître y résida. A la
mort de ce dernier, M. Vuillart resta très-
intimement lié avec le frère de l'abbé, M. de
Préfontaine, qui avait été sécrétaire des commandements de Mlle de Montpensier, et qui
alors, retiré du monde, habitait sa terre de
Fresne, près de Montoire, dans le Vendômois.
M. de Préfontaine, dans sa solitude, était très-
curieux des nouvelles du Jansénisme pour lequel
il avait, en quelque sorte, un attachement de
famille, partageant, à cet égard, les opinions
de son frère, mais, comme lui, peu disposé à
se jeter dans la mêlée. M. Vuillart, qui habitait alors Paris, le poste où il pouvait tout
voir et tout entendre, remplit auprès de cet
ami, pendant plus de vingt ans, le rôle de
chroniqueur du parti janséniste. Ses lettres,
où se mêle beaucoup de cailletage, de crédu-
lité, de parti-pris, n'en sont pas moins agréablement écrites : elles sont un document précieux

pour l'histoire de la seconde période du Jansénisme, celle de la grande persécution. Il y
parle souvent de M. Le Roi dans les termes
de la plus sincère admiration et du plus grand
respect. « Je prie, dit-il ·en un endroit de cette
correspondance, que Dieu continue de me faire
par vous, jusqu'à la fin de ma vie ou de la
vôtre, le bien qu'il a daigné me faire, durant
plus de trente ans, par feu Monsieur votre
frère, mon très-honoré père en Jésus-Christ,
et mon très-libéral bienfaiteur. » M. Vuillart
avait raison de parler ainsi. L'abbé de Haute-
Fontaine, qui avait de grandes liaisons, les
avait, en quelque sorte, transmises et léguées à
son ancien secrétaire, qui, de personnage secon-
daire qu'il était, devint ainsi l'un des principaux acteurs du drame accidenté qui se jouait.
Il devint ainsi l'ami d'Arnauld, de Nicole et
des principaux solitaires, et l'un des fana-
tiques du Père Quesnel. Mais ce qui le mit
encore plus en relief, c'est l'amitié que lui
portait Racine. Ils étaient à peu près du même
âge, de la même complexion tendre et délicate. Ils se voyaient très intimement. M.
Vuillart rendit au grand poète plusieurs bons
offices, entre autres celui de marier l'une de

ses filles à un gentilhomme champenois, M.
de Riberpré, qui avait son domaine à Eclaron,
près de Saint-Dizier. C'est, sans doute, le voisinage de ce domaine avec Haute-Fontaine
qui avait mis en relation M. Vuillart et M.
de Riberpré. M. Vuillart nous a laissé aussi
un journal de la maladie de Racine qu'il
assista à ses derniers moments, journal très-
précieux pour les biographes du grand poëte.
Il fut lié non moins intimement avec Boileau,
qu'il allait souvent voir, dans sa petite maison
d'Auteuil, vers la fin de sa vie, pour causer,
avec ce survivant des gloires du grand siècle,
de tous les illustres amis qu'ils avaient perdus.
Enfin ce qui doit nous intéresser encore plus
dans la destinée de cet honnête homme, c'est
qu'il fut l'un de ceux sur lesquels la lourde
main de Louis XIV s'appesantit le plus cruelle-
ment. Nous verrons plus loin le détail de ses
malheurs et des persécutions qui l'accablèrent.

Mais revenons à M. de Pontchâteau pour
terminer le récit de cette étonnante vie. Sitôt
que les Religieux d'Orval eurent quitté Haute-
Fontaine, M. de Pontchâteau. qui avait été
charmé de leur piété et de leurs austérités,

n'eut d'autre désir que celui d'aller s'enfouir à Orval. Il alla d'abord passer quelques jours à l'abbaye de Châtillon, chez l'abbé Golfer, dans le dessein d'aller à Clairvaux y fêter ensemble la fête de Notre-Dame, et se consoler avec lui de la perte qu'ils avaient faite, non seulement d'un bon ami, mais d'une agréable retraite où l'on trouvait dans le besoin un asile commode et toujours prêt à vous y bien recevoir. Enfin, il arriva à Orval, le 10 février 1685. Mais il ne suffisait pas à un ascéte aussi endurci que lui de mener la vie d'un Religieux ordinaire, quoique l'abbaye d'Orval fût l'une de celles où la régle de Saint-Benoît était suivie le plus rigoureusement. Une de ses plus grandes mortifications était de ne pas pouvoir assez se mortifier. Il souffrait beaucoup des égards que l'abbé d'Orval avait pour lui. « Un jour qu'il accommodait les arbres dans le jardin, M. le marquis de Vandy, gouverneur de Montmédy, s'approcha de lui, et, après s'être salués l'un l'autre, lui dit : « Monsieur *Fleuri* (1), j'ai été hier en votre chambre pour avoir l'honneur de vous y voir, mais vous n'y étiez pas. » M. de Pontchâteau ne

____

(1) C'est le surnom qu'il avait pris à Orval.

le regarda point, ne lui répondit pas, et continua son travail (1). » Toutes ces civilités lui rappelaient le monde, et il l'avait bien oublié. Il fui fallait le désert, une solitude à défricher, le froid, les intempéries, des incommodités de tout genre à supporter. Il choisit donc, à côté d'Orval, un endroit perdu au milieu des bois, nommé le *désert de Conques* ; il s'y retira avec quelques moines, et recommença, en plein dix-septiéme siècle, l'œuvre que Saint-Bernard et ses moines avaient entreprise au douziéme. « Il y balayait la maison, y nettoyait les écuries, y faisait la lessive, la cuisine, et avait soin d'aller chercher tous les jours de quoi manger pour les vaches ; il allait, avec les autres Religieux, labourer ou houyer les terres où la charrue n'avait pu passer ; défricher les bois, faire les foins : il couchait sur une simple paillasse et portait toujours un cilice, même une chaîne de fer qu'il s'était mise autour des reins, et qu'on trouva sur son cadavre aprés sa mort. Il y

---

(2) *Mémoire sur la manière dont M. de Pontchâteau s'est comporté dans l'abbaye d'Orval*, écrit par un Religieux de cette maison — Ce mémoire se trouve dans le supplément au nécrologe de Port-Royal pages 109 et suivantes.

vécut ainsi durant cinq années (1). » Mais les affaires de son parti, qui s'embrouillaient de plus en plus, la liquidation de la malencontreuse affaire de Nordstrand, l'obligèrent souvent à quitter sa chère solitude, à refaire des voyages, à négocier. Il s'y résolvait avec bien des regrets, mais la peine que ces départs lui causaient était considérée par lui comme un nouveau sacrifice auquel il se soumettait avec une résignation touchante. C'est pendant l'un de ces voyages, après lesquels ils espérait toujours revenir se fixer dans son désert, que, atteint de pleurésie, et le corps miné par toutes ces fatigues, il mourut à Paris, entre les bras de Nicole, le 27 juin 1690. Il poussa le renoncement aux choses de la terre jusqu'à refuser de voir sa famille à son lit de mort. « Ma famille m'a fait une fois manquer à Dieu, disait-il, je dois éviter de la voir (2) »

---

(1) Mémoire cité dans la note ci-dessus, à la page précédente.

(2) Sa famille et le souvenir de son ancienne grandeur étaient pour lui une source de tourments. « C'est un grand déshonneur devant Dieu, disait il, d'être né de quelque condition selon le monde, parce que, d'autant plus qu'on a de parents élevés, on peut compter dans sa famille un plus grand nombre de réprouvés. Ne serait ce pas un bel honneur à un homme de descendre en droite ligne de deux ou *trois voleurs de grands chemins, ou de criminels de lèze-majesté* ? On s'irait cacher si cela était, et n'est-ce pas bien pis de se trouver allié avec des gens qui sont

Sa mort fut l'occasion de scènes semblables à
celles qui avaient déjà eu lieu sur la tombe
de l'Abbé de Saint-Cyran. C'est au point que
le peuple descella son cercueil pour en tirer
des morceaux de sa chemise et de son lin-
ceul. La Cour s'en émut, et c'est dans le plus
grand secret, au milieu de la nuit, qu'on trans-
porta le corps à Port-Royal, où il avait du
moins voulu être enseveli, n'ayant pu y passer
sa vie.

C'est ainsi que finit le dernier des ascètes,
le dernier des solitaires de la grande lignée
des Saints de la Thébaïde, ce « Çakya-Mouni »
chrétien, comme l'appelle Sainte-Beuve (1),
qui, comme le sage Indou, se fit le plus
humble des hommes pour servir d'exemple
aux autres. Le Jansénisme seul avait pu, au
milieu des pompes du grand siècle, porter
un homme à un tel degré d'humiliation volontaire ; car son illustre émule, le seul qu'on
puisse quelque peu lui comparer, l'Abbé de

---

morts dans le crime et dans l'impénitence, ou d'autres
qui vivent encore dans le même état ? Voilà ma généalogie.... » Nous n'avons pas besoin d'appuyer sur ce
que ces sentiments ont d'effrayant et sur la nécessité
qu'avait le Jansénisme d'être un peu tempéré par la
charité chrétienne.

(1) *Port-Royal,* tome **VI**, page 355, appendice.

Rancé, tout en s'humiliant lui-même, aimait surtout à humilier ses Religieux (1). Il n'avait pas, comme M. de Pontchâteau, ce besoin de se mettre de niveau avec les plus humbles, cet esprit de presbytérianisme, de républicanisme évangélique qui dut faire une grande impression sur les populations qui en étaient les témoins. Et, sans doute, les différents séjours que cet homme extraordinaire fit à Haute-Fontaine, l'exemple qu'il donna de cette vie si singulière, ne contribuérent pas peu à propager, dans notre région, les idées jansénistes. C'est en étonnant le monde qu'on le convertit (2). M. de Pontchâteau représentait un côté du Jansénisme qui, tout excessif qu'il fût, était fait pour plaire aux déshérités, aux pauvres, et pour flatter cet esprit austére et frondeur que les doctrines calvinistes avaient répandu dans

---

(1) Voir ce qui est dit plus haut, au chapitre II à l'article des *fictions*.

(2) Dans les Védas indiens, les gens du peuple, en voyant Çakya-Mouni se faire pauvre avec les pauvres et le plus humble entre les petits, s'écrient : « Compagnons, quelle chose étonnante et merveilleuse ! le fils d'une grande famille, après avoir abandonné ses espérances de grandeur, a l'idée de se baisser tout le jour pour manier comme nous la bêche et le hoyau, pour partager nos sueurs, et pour travailler à la terre, sans se soucier de la pluie ni du soleil ! » N'est-ce pas là ce que devaient se dire les gens du peuple en voyant cet ancien gentilhomme, vêtu de bure, hâlé par le soleil, et maigri par les sueurs, travaillant la terre, comme un forçat ?

le pays. Et l'on voit, en méditant sa vie, quelle révolution le Jansénisme eût opéré dans le monde, si tous ses adeptes eussent été aussi simples, aussi désintéressés, et aussi conséquents que le fut l'abbé de Pontchâteau (1).

------

(1) Cet homme si détaché des choses du monde fut impliqué dans un singulier complot dont parle Besoigne dans son Histoire de Port-Royal, et qui eut un certain retentissement, quoique, jusqu'à ce jour, les historiens du Jansénisme en aient peu parlé. C'est à Beauvais que l'affaire se trama. La cathédrale de cette ville avait comme chanoine un homme qui joua un certain rôle dans les affaires du Jansénisme, et qui en fit même une histoire, M. Hermant. La ville et le chapitre étaient alors partagés, comme presque partout en France, entre les sectateurs de la nouvelle doctrine et ses ennemis. Parmi ces derniers se trouvait un nommé Foy, chanoine, esprit immodéré et diabolique, qui conçut le projet de perdre le Jansénisme par un coup hardi. Il accusa impudemment les chanoines, ses confrères, et les Jansénistes de vouloir faire entrer les ennemis (les Anglais et les Hollandais) dans le royaume par la ville de Boulogne : aussitôt le débarquement fait, les nouveaux convertis de la Bretagne se révolteraient, et les sectateurs de Jansénius soulèveraient le pays de toutes parts. Cette nouvelle causa une certaine émotion à la Cour. On envoya un espion à Beauvais pour observer secrétement les démarches des chanoines. On en arrêta quatre, et ils furent internés à Vincennes. Le maître-chantre de la cathédrale fut arrêté à Boulogne, et amené de même à Vincennes. M. Bridaine, chanoine, fut mis à la Bastille. L'innocence des accusés après une enquête sévère, fut enfin reconnue. Foy s'évada, mais on le retrouva : on lui fit son procès, et il fut pendu en place de Grève, le 12 septembre 1691. Les personnes suspectes furent élargies. M. Hermant et sept autres chanoines, l'abbé de Rancé et M. de Pontchâteau étaient parmi les personnes qu'on voulait compromettre aux yeux du Roi. — (Besoigne, *Histoire de Port-Royal*, tome IV, pages 637-638).

CHAPITRE CINQUIÈME.

Sommaire.

Etat de l'abbaye de Haute-Fontaine à la mort de l'abbé Le Roi. — Ce qu'en dit Beaugier. — Dernières années de Félix Vialart, évêque de Châlons. — Le P. Quesnel de l'Oratoire. — Le livre des *Réflexions Morales*. — Caractère de cet ouvrage. — Quelques unes de ses principales maximes. — Félix Vialart l'approuve. — Le marquis de Laigue. — Opinion du P. de la Chaise, confesseur du Roi sur le livre de Quesnel. — Revirement final de Félix Vialart. — Il renvoie les Oratoriens de son séminaire pour y mettre des Lazaristes. — Sa mort en 1680. — Ses miracles, et ce qu'en dit Racine. — Ses austérités, et ce qu'en dit Dom Clémencet. — Son culte pour Saint-François de Sales et ses ressemblances avec lui. — Félix Vialart et Louis XIV. — Appréciation de son rôle dans les affaires du Jansénisme.

L'abbaye de Haute-Fontaine avait atteint l'apogée de son développement et de sa célébrité avec l'abbé Le Roi. Après sa mort elle eut encore des abbés Jansénistes, mais qui n'eurent ni la haute influence ni le renom de celui dont nous venons de retracer l'histoire. Après avoir été un arsenal, une officine, une sorte de forteresse religieuse, elle redevint ce que furent toutes les abbayes, réformées ou non, pendant la période de décadence qui devait se terminer par le coup de foudre de 1789.

Voici, au dire de Beaugier (1), l'état de notre abbaye au commencement du dix-huitième siècle : « L'abbaye de Haute-Fontaine, nous dit-il, de l'Ordre réformé de Cîteaux, est située dans un des endroits les plus agréables de la Champagne, et la vue y trouve de quoi se contenter. On ne sait pas précisément en quel temps, ni par qui elle a été fondée (2), on croit néanmoins que Saint Bernard la fit bâtir pour servir de maison de santé à ses Religieux convalescents, et qui avaient besoin d'un air plus pur. Feu M. l'abbé Le Roy a fait bâtir à neuf la maison abbatiale et réparer le Couvent des Religieux et orner l'Eglise.

» Elle vaut quatre à cinq mille livres de rente à l'Abbé, et aux Religieux deux mille livres. »

Pour bien comprendre la suite des affaires du Jansénisme vers la fin du dix-septième siècle, il est nécessaire de revenir sur la vie

(1) *Mémoires historiques de Champagne*, tome II page 158.

(2) Les auteurs de *Gallia Christiana* en fixent positivement la fondation au troisième jour des ides de juillet 1136, mais il ne reste aujourd'hui aucun titre qui puisse permettre de discuter ou d'établir le fait. — Voir M. de Barthélemy, *Histoire du diocèse de Châlons*, tome I, page 170.

et le rôle du prélat qui a déjà paru en scène
à plusieurs reprises. et qui, par ses fluctuations, déconcerte quelque peu la critique : nous
voulons parler de Félix Vialart. l'évêque de
Châlons.

« Félix Vialart de Herse, 88e évêque de
Châlons, nous dit Moréri (1), était d'une famille
noble ancienne qui tire son origine d'Auvergne,
et possédait la seigneurie de la Forêt de Herse.
et dont il a augmenté l'éclat par sa grande
piété et par son mérite. Il était fils de Michel
Vialart, conseiller du Roi en sa Cour du Parlement, où il s'est beaucoup distingué. et
Président aux Requêtes. La mère de Félix
était Charlotte de Ligny, une des dames les
plus vertueuses de son temps, et dont Saint-
François de Sales faisait une estime singulière. Il naquit le 4 Septembre 1613, et Saint-
François de Sales lui prédit dès lors qu'il
serait un grand serviteur de Dieu, et un ex-
cellent sujet pour l'Eglise gallicane. Quelque
temps après sa naissance, ce Saint étant chez
M. Vialart. il prit l'enfant entre ses mains et
dit à sa mère : « Je vous recommande le

____

(1) Dictionnaire, à l'article *Vialart*.

petit Félix : ce nom lui convient parfaite-
ment. Ah ! que cet enfant sera heureux ! ».
Le jeune Vialart, après avoir été élevé dans
une grande innocence, et avoir fait, dans la
piété et dans la science, des progrès qui
étonnèrent ses maîtres, fut nommé coadjuteur de l'évêque de Châlons, Cosme Clausse ;
mais ce dernier étant mort peu de temps
après cette nomination, M. Vialart se vit
évêque titulaire de ce diocèse, à l'âge de 27
ans, avant même que d'avoir pu recevoir les
bulles de coadjuteur. Un de ses consécrateurs
fut Charles Vialart, son oncle, qui avait été
général des Feuillants, et qui était alors évêque
d'Avranches. Félix Vialart se proposa pour
modèle Saint Charles Borromée, et, comme ce
saint archevêque de Milan, il a passé tout le
temps de son épiscopat uniquement occupé
des besoins de son diocèse en particulier et
de ceux de l'Eglise en général. » Il suffit de
voir quel fut le parrain spirituel de l'évêque
de Châlons, et celui qu'il choisit pour son
modèle pour augurer que Félix Vialart serait
un prélat austère, réformateur, convertisseur,
attaché à l'ancienne discipline de l'Eglise. Le
Jansénisme, à son apparition, était fait pour

plaire à de pareilles natures : elles étaient loin de prévoir les subtilités et toutes les résistances qui devaient s'opposer à l'établissement en France de ce parti intermédiaire entre le catholicisme et l'hérésie.

L'évêque de Châlons adopta donc les idées nouvelles avec la simplicité et la bonne foi qu'il mettait dans toutes ses actions. En même temps qu'il combattait et cherchait à convertir les Calvinistes, si nombreux dans son diocèse, il voyait, dans les doctrines jansénistes, un moyen de les ramener, peut-être plus habile que celui dont se servaient les Jésuites, qui était d'opposer un catholicisme tout aimable et fleuri aux dogmes austères de Calvin. Ne valait-il pas mieux leur montrer qu'on pouvait être austère dans le giron de l'Eglise, sans renoncer aux consolations qu'elle offre, tout en gardant quelque chose de cette sombre résignation aux décrets de Dieu, dans laquelle se complaisaient les sectes dissidentes ? Telle fut la ligne de conduite de Félix Vialart (1). Il

(1) C'est lui qui introduisit dans le diocèse, à Châlons et à Vitry, l'institution des *dames Régentes* imbue des doctrines austères du Jansénisme, qui contribua tant à janséniser la Champagne, et qui s'est maintenue à Vitry jusqu'au commencement de ce siècle. Mgr de Prilly, en 1820, eut beaucoup de peine à les renvoyer.

régnait, du reste, à ce moment, dans toute la chrétienté, un grand besoin de retour aux sources vives du christianisme. L'Ecriture sainte, les Pères, les anciens Conciles étaient presque oubliés ; les chaînes de la tradition avaient été brisées par tant de chocs violents ; le besoin de nouveauté, l'œuvre du temps qui détruit tout et mille autres causes y avaient fait tant de brèches, qu'il y avait lieu de craindre qu'un nouveau christianisme ne se fût greffé sur l'ancien. C'est à ce grand besoin que répondait le Jansénisme élaboré dans la plus pure doctrine de Saint Paul et de Saint Augustin. Aussi la plupart des prélats de France, et surtout ceux d'une trempe évangélique comme l'était Félix Vialart, se trouvèrent-ils dès l'abord Jansénistes sans le savoir et sans le vouloir ; où plutôt il ne furent pas Jansénistes (car le mot ne fut inventé que plus tard pour le besoin de la cause) ; ils étaient des chrétiens trop amoureux, trop curieux des Ecritures, des Evangiles, des Pères, et nous avons déjà vu que c'est là ce qui constitua en grande partie le crime du Jansénisme.

Si l'on veut être impartial en cette délicate

matiére (et cela ne nous est pas difficile, puisque ces querelles sont vieilles de plus de deux
siécles) on reconnaîtra que ce n'est pas sans
raison que l'Eglise, ou la Papauté qui la dirigeait , s'efforçait de tenir les fidéles dans
l'ignorance des sources (1). Son but était de
leur cacher autant que possible ce qu'il se
mêle fatalement d'humain dans les institutions
qui ont traversé tant de siécles. Pascal, lui-
même tout Janséniste qu'il était, avouait que
« c'était bouleverser les Etats que d'ébranler
les coutumes reçues, en sondant jusque dans
leur source pour marquer leur défaut de justice. » Il dit même que « pour le bien des
hommes, il faut souvent les piper (2). » Rien
n'est plus fragile que la plus grande autorité
du monde, dés qu'on la discute, et que devenait l'Eglise aux yeux des fidéles, si elle
n'était plus infaillible, si l'on pouvait la con-
vaincre d'erreur, si l'on montrait que la tradition avait été faussée ? C'était le coup le plus
sensible qu'on pût porter à une institution
dont la principale base est l'autorité. Aussi

---

(1) La défense de lire l'Ecriture en langue vulgaire
remonte à Grégoire VII. Elle fut renouvelée par le
pape Sixte-Quint. Voir Fleury, *Histoire de l'Eglise*.
 (2) *Pensées*, article III.

ne faut-il pas entrer dans les passions de ceux qui ne voient dans la résistance de l'Eglise que le jeu de convoitises toutes matérielles et qu'un moyen d'asseoir son absolutisme. Il était dans son principe de résister. Dans l'évolution des choses humaines, vouloir ramener l'ancien état de choses, c'est faire œuvre de nouveauté. L'examen et l'étude trop ardente des sources amenait fatalement la critique des sources, et tous les excès de la philosophie, anti-religieuse du dernier siècle.

Toutefois, s'il est un reproche fondé que l'on puisse faire à ceux qui dirigeaient alors l'Eglise, c'est de ne pas s'être opposés avec autant de force à une autre nouveauté qui la menaçait en lui aliénant un grand nombre de gens de bien, nous voulons parler des doctrines *molinistes*. Assurément, s'il est dans la destinée des dogmes de s'adoucir avec le temps, il est naturel que l'Eglise ait penché plutôt du côté de ceux qui péchaient par trop de douceur, que de ceux qui péchaient par trop de rigorisme. En admettant qu'il y ait eu des exagérations, le bon sens du public devait en faire justice, comme on l'avait vu lors du succès des *Provinciales*. Mais la Cour de Rome ne devait pas donner à ces doctrines une sorte de consécration officielle, et forcer ainsi les chrétiens honnêtes et austères, qui avaient le souci de la dignité de l'Eglise, à se jeter fatalement, qu'ils le voulussent ou non, dans les bras du Jansénisme.

Ce n'est pas que, lorsqu'elle se vit forcée d'opter entre le livre de Molina qui adoucissait le dogme de la Grâce, et celui de Jansénius qui le donnait dans toute son austérité primitive, la Cour de Rome ne fût fort embarrassée. Elle était partagée entre le désir et le besoin de ménager une Société puissante, celle des Jésuites, qui, en élargissant le domaine du catholicisme, préparait la domination suprême de la Papauté, et ceux de maintenir autant que possible la tradition qui est presque tout dans une institution qui a l'autorité pour base. On voit, dans la conduite des papes à ce moment, bien des hésitations et bien des contradictions qui marquent l'embarras où ils étaient de décider quoi que ce fût à ce sujet. Ainsi Clément VIII, qui occupait le siége de Rome au moment de l'apparition de la doctrine moliniste, après avoir rassemblé les Congrégations, et fait un examen approfondi des théories des Jésuites. était sur le point de condamner le Molinisme. lorsqu'il mourut en 1605 (1). Son successeur. Paul V. fit dresser une bulle contre le Molinisme, mais elle ne fut pas publiée (2). Les Jésuites, en présence de ces velléités de condamnation, cherchèrent à tempérer le Molinisme par ce qu'ils appelaient le *Congruisme* (3). Ils disaient que la Grâce était le pouvoir de bien se servir de sa liberté ; que la liberté était donnée à tous les hommes, mais que la Grâce était une faveur particulière ; autrement dit. tous les hommes ont le pouvoir de se perdre, mais non pas le pouvoir de se sauver. Cette doctrine était le contre-pied de celle de Jansénius qui disait que l'homme n'était pas libre de résister à la Grâce, et qu'il n'avait le pouvoir ni de se perdre ni de se sauver, doctrine trop décourageante pour n'être pas tôt ou tard amendée. Si, dès lors. l'on eût tenu compte de ce besoin de trouver un moyen terme dans ces difficultés de doctrine ; si l'on s'en fût fié au bon

---

(1) Voyez *l'Histoire générale du Jansénisme* par Dom Gerberon, tome I, pages 2 et 3.

(2) *Abrégé chronologique des évènements qui ont précédé et suivi la bulle Unigenitus*, 1732, page 13.

(3) Décret d'Acquaviva, général des Jésuites, qui ordonnait de tempérer le Molinisme par le Congruisme. Piccolomini l'a depuis renouvelé.

sens des fidèles qui tôt ou tard auraient corrigé les excès trop rebutants de part et d'autre ; si l'on ne se fût pas trop effarouché de ce retour d'austérité propre tout au plus à engendrer quelques singularités comme l'on en a toujours vu dans l'Eglise, les crises du Jansénisme eussent peut-être été épargnées à la chrétienté.

Malheureusement les excitations des Jésuites, qui voulaient un pouvoir unique dans l'Eglise ; les tendances réformatrices de Jansénius et de Saint-Cyran, qui n'attribuaient à la papauté qu'une primauté de rang et non de juridiction ; le besoin de concentration du catholicisme, après les pertes qu'il avait subies par suite de la Réforme : tout contribua à favoriser, à la Cour de Rome, une passion qui n'admet aucun tempérament ni aucun compromis, celle du pouvoir absolu. Après s'être concilié, par ce semblant de concession, les papes quelque peu chancelants, les Jésuites se les concilièrent encore bien davantage, en remettant au jour les théories autocratiques de Grégoire VII, en publiant partout, dans leurs écoles, que Rome avait juridiction sur le temporel des Rois, que le pape pouvait délier les sujets du serment de fidélité, qu'il pouvait détrôner les Rois et même les condamner à mort (1). Ainsi se noua, entre la Curie Romaine et la Société des Jésuites, cette sorte de traité d'alliance qui subsista pendant toutes les querelles du Jansénisme, et s'est perpétué même jusqu'à nos jours.

Le premier pape qui bénéficia de cette alliance, et qui entra tout-à-fait dans les vues de la Compagnie, fut Urbain VIII. C'était le moment où paraissait le livre de Jansénius, intitulé *Augustinus*, dans lequel, en déclarant que Saint-Augustin avait soutenu les vrais principes de la Grâce, la secte naissante se mettait sous le patronage de ce grand saint. Nous avons déjà vu avec quelle habileté la Curie Romaine sut allier le respect qu'elle devait à Saint-Augustin avec son horreur pour les idées nouvelles, qu'elle disait tout-à-fait propres à Jansénius. Aussi l'un des premiers actes du pontificat d'Urbain VIII fut-il de lancer une bulle contre l'*Augustinus*. Cette bulle fut l'origine de tous les débats théologiques qui troublèrent une grande partie de l'Europe pen-

____

(1) C'est ce qu'enseignaient publiquement Valentia, Bécon, etc. Ils disaient qu'on pouvait tuer sans crime le Rois excommuniés, déposés par le Pape. C'est conformément à ces maximes que Jean Châtel attenta à la vie de Henri III, et Ravaillac à celle de Henri IV.

dant plus d'un siècle. Elle causa une grande fermentation en Flandre et dans les Pays-Bas, où plusieurs Facultés de théologie avaient adopté les idées augustiniennes de Jansénius. Elle n'en causa pas moins en France, où la Sorbonne s'insurgea tout d'abord contre la bulle pour la défendre après avec acharnement, tant il était difficile de savoir où était la vérité ! C'est elle qui mit en relief le jeune docteur Arnauld, qui se fit l'apologiste du livre de Jansénius, et qui, par cet acte d'audace, se fit exclure de la Sorbonne. C'est elle enfin qui fit de ces hommes un péu trop curieux et trop amoureux de l'antiquité chrétienne des sectaires, des martyrs, en exaltant en eux toutes les passions propres aux gens qni croient avoir seuls le dépôt de la vérité, en donnant à ces matières de la grâce qui sont de spéculation pure et contre lesquelles la liberté et l'activité humaines protesteront toujours, l'importance de questions d'Etat. Au lieu d'éteindre le feu, qui était facile à éteindre, elle l'attisa. C'est cette bulle d'Urbain VIII, en résumé, qui mit la théologie à la mode, et permit à la raison et à la critique d'entrer dans ce redoutable domaine fermé jusque-là aux profanes pour le plus grand bien de la Religion.

Si la Cour de Rome se fût bornée à résister sans montrer aucune complaisance pour les nouveautés des Molinistes ; si elle eût laissé le temps faire son œuvre de pacificateur, en émoussant les angles trop vifs, en brisant les épines de cette théologie poussée à outrance ; si elle ne se fût pas liguée avec les pouvoirs civils pour introduire la violence dans ce domaine des consciences si jaloux de son indépendance, on n'eût guère connu d'autre Jansénisme en France que celui d'un Vincent-de-Paul par exemple, d'un Bossuet, d'un abbé de Rancé, qui trouvèrent le moyen d'être de parfaits chrétiens et très austères, en restant bien éloignés de tout esprit de secte.

Mais, à partir de cette condamnation éclatante, ni les vainqueurs, ni les vaincus ne connurent plus aucune mesure. Les Jésuites, qui, jusqu'alors avaient enseigné le christianisme facile, mais à mots couverts, se mirent à prôner publiquement la Dévotion aisée, la morale accommodante. L'un de leurs Pères, le P. Pirot, fit une Apologie de cette morale au scandale de tous les honnêtes gens. De leur côté, les jansénistes employèrent toutes les armes pour flétrir leurs adversaires, et la charité chrétienne fit le plus souvent les frais de ces joûtes, où, ni la religion ni le bon sens n'avaient rien à gagner.

Tel était l'état des esprits, quand Félix Vialart prit possession de son évêché. C'était au moment de l'apparition de la bulle d'Urbain en 1641. Le pape, grisé par les flatteries des Jésuites, avait voulu, par cette bulle, non seulement condamner le Jansénisme naissant, mais encore montrer aux yeux de tous son omnipotence, en passant par dessus toutes les formes que les maximes de l'Eglise de France avait établies pour l'adoption des brefs pontificaux. La bulle venait donc se heurter contre les droits des évêques, ces droits que Du Vergier de Hauranne avait défendus récemment dans un livre intitulé du nom bizarre de *Petrus Aurelius* (1). Si donc, à ce moment, les évêques n'eussent pas été jansénistes de cœur, ils l'eussent été par intérêt. Mais Félix Vialart l'était de complexion. Sa nature austère blâmait

---

(1) Ce livre avait paru en 1625. Il disait que l'Eglise était une aristocratie sous la conduite des évêques, successeurs des Apôtres et chefs de l'Eglise ; que la primauté que le pape avait sur eux n'était qu'une primauté de rang mais non de juridiction.

à la fois la bulle et la manière dont elle avait été lancée. Aussi le voit-on provoquer, dans l'épiscopat français, un mouvement contre la bulle. Dix autres prélats signèrent avec lui une lettre au pape Innocent X, successeur d'Urbain, ainsi concue :

« Les questions de la grâce et de la prédestination, disaient-ils, sont pleines de difficultés, et ne s'agitent d'ordinaire qu'avec de grandes contestations ; ce qui nous donne sujet de croire que le temps où nous sommes n'est pas propre pour terminer un différend de cette importance, si ce n'est que Votre Sainteté veuille, pour en porter un jugement solennel, y procéder selon les formes pratiquées par nos péres (reprendre l'affaire dès son origine, et l'examiner toute entière et de nouveau, en y appelant et en entendant les parties) comme le firent, il n'y a pas longtemps, les Papes Clément VIII et Paul V de sainte mémoire. Car si Votre Sainteté n'en usait pas de la sorte, ceux qui seraient condamnés se plaindraient avec justice de l'avoir été par les calomnies et les artifices de leurs adversaires, sans avoir été entendus dans leurs raisons. A quoi ils ajouteraient peut-être

que cette cause aurait été portée à Votre
Sainteté avant d'avoir été jugée dans un
Concile d'Evêques.... Et certes , Très-Saint
Père, s'il était à propos d'examiner et de
décider les propositions hérétiques dans le
livre de Jansénius, l'ordre légitime des jugements de l'Eglise, joint à la coutume observée
dans l'Eglise gallicane, veut que les plus
grandes et les plus difficiles questions qui
naissent en ce royaume soient d'abord exa-
minées par nous ; ce qui étant, l'équité nous
obligerait de considérer mûrement si ces propositions dont on se plaint à Votre Sainteté
ont été faites à plaisir pour rendre odieuses
certaines personnes, et pour exciter quelques
troubles ; en quels lieux, par quels auteurs,
en quel sens elles ont été avancées et sou-
tenues ; d'entendre, sur cela, de part et d'autre
ceux qui contestent ; de voir tous les ouvrages faits de deçà touchant ces propositions;
d'en distinguer les sens véritables d'avec les
faux et ambigus ; de nous informer avec soin
de tout ce qui s'est passé sur ce sujet depuis
que l'on commence d'en disputer ; et, après
cela, de faire entendre au Saint-Siége tout ce
que nous aurions fait et ordonné dans cette

affaire où il s'agit de la foi ; afin que tout ce que nous aurions prononcé avec justice sur cette matière fût confirmé par votre autorité apostolique. » (1).

Cette lettre, comme on le voit, touchait au vif le pape dans ses velléités d'absolutisme. La Cour de Rome n'en était plus à accepter des remontrances. Néanmoins, pour calmer ces résistances inattendues, le pape consentit à faire un semblant d'information sur les points contestables du livre de Jansénius. Mais, au lieu de soumettre la cause aux évêques de France, comme le demandait la lettre ci-dessus, il se borna à réunir à Rome une Congrégation composée de cardinaux italiens tout dévoués à la suprématie papale. Les évêques de France, moins les dix signataires de la protestation, y envoyèrent des députés qui ne firent qu'opiner du bonnet. Les Jansénistes, de leur côté, croyant que l'affaire allait être plaidée dans les formes et qu'ils seraient entendus, y envoyèrent les leurs (2) pour défendre les doctrines de leur chef. Mais tout se fit

---

(1) *Histoire des Cinq propositions de Jansenius,* par l'abbé Du Mas, tome I, pages 19 et suivantes.

(2) MM. de Lalane et de Saint-Amour.

hors d'eux et contre eux, et ils ne furent reçus par le pape que pour apprendre leur condamnation. C'est ainsi qu'un assez fort parti, dans le clergé de France, se ligua fatalement avec les jansénistes pour protester contre une mesure qui blessait à la fois les maximes de l'Eglise gallicane et les principes les plus élémentaires de justice.

Félix Vialart, en tant que gallican ardent, et que janséniste d'âme, sinon de profession, se trouvait être l'un des chefs de ce parti, mais alors déjà il lui manquait ce qui fait la force d'un chef de parti. c'est-à-dire la résolution et la fermeté dans les idées. Il ne comprenait pas que la défense des principes constants de l'Eglise pût faire de lui un rebelle, et pourtant il était doublement condamné par la Cour de Rome, d'abord en qualité de protecteur officieux du jansénisme, et puis comme signataire de la lettre des dix évêques. L'amour de la paix et du silence, qui fut la passion maîtresse de sa vie, l'aida à sortir, sans trop de combats, de cette situation délicate où il avait à proclamer, dans son diocése, la sentence du pape et sa propre condamnation. Il donna donc un mandement pour empêcher les prédicateurs de traiter, dans leurs sermons. aucune matière contentieuse, mais, vu la surexcitation des esprits, cette défense n'eut pas plus d'effet dans le diocèse que dans le reste de la France où l'opinion publique commençait à se passionner beaucoup pour toutes ces querelles théologiques.

Lorsque la Cour de Rome, pour achever sa victoire, non contente d'avoir condamné la doctrine de Jansénius, voulut imposer à tous les fidèles, par la signature du Formulaire. une rétractation solennelle des erreurs dont la subtilité échappait aux gens les plus pénétrants, Félix Vialart fut le premier à conseiller au pape, dans l'intérêt de la paix, de n'exiger que le silence sur ces matières contentieuses, et de ne rien demander de plus à des consciences bouleversées, dans lesquelles l'apaisement se ferait peu à peu. La lettre qu'il écrivit à ce sujet à Rome, de concert avec dixneuf autres évêques, soulève déjà ce terrible problème de l'infaillibité, qui n'a été tranché que de nos jours. « Il s'est trouvé des gens parmi nous, disait cette lettre, qui ont eu la hardiesse de publier ce dogme nouveau et inouï. que les décrets que l'Eglise proclame

pour décider les faits qui arrivent de jour en
jour, et que Dieu n'a pas révélés, étaient certains et infaillibles, et qu'ainsi l'on devait avoir
la foi de ces faits aussi bien que des dogmes
révélés de Dieu dans l'Ecriture et dans la tradition. Et les mêmes personnes qui avaient
introduit ce dogme qui est également condamné par tous les théologiens anciens et
nouveaux, avaient eu la témérité de l'établir
par la Constitution de votre prédécesseur.
Ces évêques dont il s'agit, voulant s'opposer
à ce mal, et remédier aussi aux scrupules de
quelques - uns, ont cru devoir établir dans leurs
mandements la doctrine très-commune et très-
certaine qui est opposée à une erreur si manifeste, savoir que l'Eglise ne définit point
avec une certitude entière et infaillible ces
faits humains que Dieu n'a point révélés ; et
qu'ainsi tout ce qu'elle exige des fidèles en
ces rencontres est qu'ils aient, pour ses décrets,
le respect qu'ils doivent.... Ainsi, Très-Saint
Père, si c'était un crime d'être dans ce sentiment, ce ne serait pas l'erreur particulière de
quelques Jansénistes, mais ce serait celle de
nous tous, ou plutôt celle de toute l'Eglise... » (1).

____

(1) Lettre au pape Clément IX, du 1er Décembre
1667, signée de l'archevêque de Sens, et des évêques

Cette fière lettre des dix-neuf évêques fut suivie d'une autre des mêmes au Roi qui, dans cette affaire, était d'accord avec le pape pour remettre l'unité dans les croyances de ses sujets, à quelque prix que ce fût, car alors déjà l'idée d'une Fronde religieuse en France le troublait. Ils lui démontrent que « céder aux prétentions de la Cour de Rome, ce ne serait pas seulement renverser les Canons mais renoncer aux premiers principes de l'équité naturelle reconnus par les païens mêmes. »

Louis XIV fut froissé de cette lettre. Voyant déjà dans le Jansénisme une cabale qui, sous le couvert de la religion, s'attaquait au principe d'autorité ; il lui déplut de voir une nouvelle cabale se former pour défendre les théories jansénistes. Son procureur général au Parlement de Paris eut ordre de faire entendre à la Cour « que le Roy était informé des cabales et assemblées illicites qui se tenaient dans son Royaume pour faire signer à des évêques une prétendue Lettre à lui adressée,

de Châlons, de Boulogne, de Meaux, d'Angoulême, de la Rochelle, de Comminges, de Confarans, de Saint-Pons, de Lodève, de Vence, de Mirepoix, d'Agen, de Saintes, de Rennes, de Soissons, d'Amiens, de Tulle, et de Troyes.

dans laquelle il y avait des maximes et des propositions capables de troubler la paix de l'Eglise et d'affaiblir l'autorité des déclarations et des bulles enregistrées dans le Parlement touchant les opinions de la doctrine de Jansenius. Ce que le Procureur-général ayant représenté, la Cour. par un arrêt du 19 Mars 1668, ordonna qu'il serait informé desdites cabales et assemblées illicites : cependant, défense faite à tous imprimeurs, colporteurs, et autres personnes d'imprimer. faire imprimer, vendre ou débiter ladite lettre ni écrits semblables (1) ».

On peut penser si l'évêque de Châlons, qui était l'homme le plus pacifique du monde, et l'ennemi juré de tout ce qui pouvait ressembler à une cabale. fut ému de se voir traiter en conspirateur, en homme dangereux fomentant des troubles dans le Royaume. Aussi n'eut-il rien de plus pressé que de se justifier par une lettre écrite au Procureur-général en son nom et en celui des dix-neuf évêques. Il déclare, dans cette lettre « que lui

_____

(1) *Histoire des Cinq propositions de Jansénius,* par l'abbé Du Mas, tome II. page 126.

et ses collègues se seraient crus indignes du caractére qu'ils tenaient de Jésus-Christ, s'ils ne se fussent opposés au bref demandant la signature pure et simple du Formulaire ; que ce serait les traiter indignement de croire que leurs signatures eussent été mendiées ; que cette *cabale imaginaire*, dont il est parlé dans l'arrêt, n'avait eu nulle part à leur lettre ; qu'il n'y était entré qu'un seul ecclésiastique de son diocése (1), de qui ces évêques s'étaient servis pour faciliter quelquefois entre eux la communication mutuelle des pensées qu'ils avaient sur ce dessein et des mesures qu'ils ont prises (2) ».

Dans cette affaire qui semblait sans issue, ce fut en définitive le bon sens qui l'emporta. La Cour de Rome vit bien qu'elle pouvait faire déclarer aux fidéles qu'ils condamnaient la théorie de la grâce qu'on attribuait à Jansénius, mais qu'on ne pouvait leur faire jurer qu'ils l'avaient lue dans le livre de l'évêque d'Ypres. Et les Jansénistes de leur côté, voyant qu'ils ne s'agissait que de condamner une

---

(1) Cet ecclésiastique était sans doute l'abbé Le Roi.

(2) *Histoire des Cinq Propositions*, tome II, pages 126 et suivantes.

doctrine vague qu'ils avaient toujours contesté être celle de Jansénius, jurèrent ce qu'on voulut. Et voilà comment l'on s'en tint, sur la question de savoir si l'on avait bien ou mal interprété Jansénius, à un *silence respectueux*. Ce silence respectueux, dont on s'est tant moqué dans la suite, fut le triomphe de l'évêque de Châlons, et il ne tient pas à lui qu'il n'ait assoupi le Jansénisme en amenant cette fameuse Paix de l'Eglise qui dura si peu. Il ne s'agissait donc plus que de se soumettre à une question de dogme et non plus de fait, et Félix Vialart y engagea ses ouailles par un mandement dont voici le principal passage : « Maintenant, disait-il, que N. S. P. le pape Alexandre VII a approuvé d'une manière plus expresse ce qui avait été fait par les Assemblées du Clergé, et qu'il a envoyé un Formulaire très-rapportant à celui approuvé par nos Assemblées, la même considératien (celle de la paix de l'Eglise), nous oblige encore plus étroitement à demander à tous les Ecclésiastiques séculiers et réguliers de notre diocèse un nouveau témoignage de la soumission qui est due au Saint-Siége, et que l'Eglise, dans tous les siècles, a désiré de ses enfants en pareille occasion. »

Ce mandement ne fut pas reçu sans opposition. L'on admettait bien, en général, la théorie du *silence respectueux*, mais l'on se refusait à signer. On objectait avec raison que jamais Rome n'avait exigé des fidèles un billet ou un acte authentique de leurs croyances. De sorte que la diplomatie de M. Vialart dut employer bien des finesses pour amener son clergé à cette discipline, à cet assoupissement qui devaient sauvegarder sa paix. Ce qui y aida beaucoup, ce fut le respect qu'on avait pour les vertus du prélat. Il disait à ses curés qu'il n'y avait point, à ses yeux, de sacrifice qu'on ne dût faire pour la paix et le bien de la religion ; que l'essence de la religion, c'était l'esprit de sacrifice ; que les chrétiens sincères en devaient donner l'exemple. Mais ces arguments évangéliques ne persuadèrent pas tous les ecclésiastiques. Il y en eut chez qui les scrupules de conscience furent plus forts que toutes les raisons qu'on pût leur donner. Ces résistances obligèrent l'évêque à parlementer avec eux, mais toujours avec beaucoup de douceur. « Il n'exigea point la signature du Formulaire avec rigueur, nous dit l'abbé Gagney : il écoutait toujours avec bonté les peines de conscience et les difficultés que l'on avait à ce sujet : alors il ne pressait plus de signer (1). »

L'agitation causée dans le diocése de Châlons et dans toute la France par la question du Formulaire s'accrut encore de celle causée par la publication des *Provinciales* de Pascal.

La grave question de la *Morale reláchée*, soulevée par cet ouvrage, contribua encore à rallier au Jansénisme naissant bien des chrétiens flottants et indécis, que les matiéres théologiques pouvaient laisser indifférents, mais qui ne l'étaient pas à l'idée qu'on pût tuer et voler en sûreté de conscience. Sans examiner ici la question de savoir si Pascal n'a pas trop chargé ses adversaires, s'il n'a pas donné, pour être les régles de la Compagnie, les opinions hasardées de quelques Jésuites, il faut reconnaître que les Jésuites se donnérent tout le tort devant l'opinion en prônant publiquement une casuistique bonne à rester enfouie dans le secret des confessionnaux. Car si la casuistique a toujours existé, si elle est de tous les temps et de tous les pays (2) ; si les

---

(1) *Vie manuscrite des évêques de Châlons*, par l'abbé Gagney, à la Bibliothèque de Vitry le-François.

(2) Voir, à cet égard, l'ingénieux ouvrage intitulé *Un problème moral dans l'antiquité*, étude sur la

hommes n'ont que trop de propension à écouter ces sophismes de la conscience qui leur facilitent l'accomplissement de leurs devoirs, l'œuvre de toute religion n'en est pas moins d'élever notre idéal, de fortifier le germe des vertus que nous avons en nous, d'aider notre faiblesse et non d'y condescendre, de demander le plus pour obtenir le moins. Nous avons assez de flatteurs en nous et hors de nous, pour que ceux qui se donnent pour être les conducteurs de nos âmes, se mêlent encore de nous flatter, et c'est ce que firent les Jésuites. En agissant ainsi, ils firent trop clairement voir leur dessein de tout adoucir, de tout aplanir, de corrompre la vieille sève du christianisme, et c'est ainsi qu'ils jetèrent fatalement dans les bras du Jansénisme tous les sectateurs de l'antique austérité (1). Voilà

casuistique stoïcienne, de M. Raymond Thamin, où il démontre que les plus graves de tous les hommes furent des casuistes comme tous les autres.

(1) C'est là aussi ce qui empêcha bien des chrétiens les plus illustres du grand siècle, les moins imbus de l'esprit de secte, les plus attachés à l'unité de l'Eglise, comme Bossuet, par exemple, de condamner franchement la tentative janséniste. Il aurait fallu, de la part de Rome, une répudiation éclatante de la morale relâchée, et Rome hésita toujours de la donner, soit parce que c'eût été une apologie détournée du Jansénisme, soit pour ménager la Société puissante qui menait alors la chrétienté.

pourquoi l'évêque de Châlons censura par un mandement énergique, comme la plupart de ses confrères, l'infâme *Apologie des Casuistes* du P. Pirot, parue en 1657. Il prit aussi une part active aux débats suscités par l'affaire d'Arnauld en Sorbonne où la doctrine de Saint-Paul et de Saint-Augustin se trouvait en face des nouvelles doctrines mitigées sur la grâce. Il fut l'un des docteurs qui essayèrent sans succès de le défendre, et c'est ce qui le fit exclure de la Sorbonne, ainsi que M. Feydeau et le cardinal de Retz. Mais dès qu'il vit que l'esprit de parti s'emparait de la condamnation d'Arnauld pour créer dans l'Eglise deux camps ennemis, il se montra aussi ardent à éteindre le feu, qu'il s'était montré ardent à l'allumer. Il ne songea plus qu'à prêcher le silence, l'apaisement, la résignation, qui lui firent obtenir son plus beau triomphe, celui dont il se glorifiait avec une candeur qui fait sourire, cette fameuse *Paix de l'Eglise*, qui dura ce que durent les roses.

Cependant le Jansénisme, qu'on croyait mort, et qui ne pouvait vivre que d'une vie souterraine, employait les moyens les plus propres à séduire des prélats vertueux et austères tels que l'était Félix Vialart. Il avait beau répudier tout esprit de secte, et sacrifier tout à l'unité de l'Eglise : il n'en était pas moins janséniste en un point : par son attachement à l'ancienne discipline, aux antiques maximes de la chrétienté. C'est par là que les ouvrages jansénistes séduisaient et empoignaient, en quelque sorte, qu'ils le voulussent ou non, ces hommes évangéliques. Tantôt c'était la *Traduction du Nouveau Testament* par M. de Sacy, qui, tout condamné qu'il fût par Rome, forçait les portes de la France, et venait leur donner la jouissance du plus beau de tous les livres traduit dans le français le plus élégant. Tantôt c'étaient d'autres ouvrages où le venin janséniste se glissait presque imperceptiblement au milieu de la dévotion la plus fleurie, comme par exemple le livre des *Réflexions morales sur le Nouveau Testament* du Père Quesnel, dont nous avons maintenant à raconter l'histoire.

Le P. Quesnel était un lieutenant d'Arnauld, un homme de beaucoup d'esprit, et le plus fin et le plus politique peut-être que le Jansénisme ait produit. Il était de cette Congrégation de l'Oratoire, qui fournit à la secte quelques-uns de ses plus brillants adhérents. Le Pére Quesnel était persuadé, comme la plupart des chrétiens sincéres d'alors, qu'il fallait revivifier le christianisme par l'étude des sources, et renouer le fil de la tradition qui s'était brisé par l'œuvre du temps, et par les tendances amollissantes des noùveaux docteurs . Voyant que l'Eglise, en sa qualité d'interpréte des livres saints et de la tradition , s'effarouchait de toute traduction des Ecritures en langue vulgaire, comme on l'avait vu par la condamnation qu'elle avait faite du *Nouveau-Testament de Mons*, il tourna la difficulté en présentant au public une série de Réflexions (1) sur le texte des Ecritures, qu'il interprétait et développait avec beaucoup d'onction et de charme, mais de maniére à faire voir assez clairement que le Jansénisme suivait la tradition des Péres et des anciens docteurs. Les maximes qu'il en tirait étaient conçues en termes assez généraux pour n'effaroucher personne et pour dérouter tout esprit de secte. Car que pouvait-on trouver à repren-

---

(1) Ce furent successivement les *Réflexions morales,* les *Réflexions morales sur l'Ecriture Sainte*, et enfin les *Réflexions morales sur le Nouveau Testament*, dont la premiére édition parut en 1671.

dre à des propositions telles que les suivantes :

« Il n'y a point de charmes qui ne cédent à ceux de la Grâce, parce que rien ne résiste au Tout-Puissant. (1)

« C'est en vain qu'on crie à Dieu : « Mon père, mon père ! » si ce n'est pas l'esprit de charité qui crie. (2)

« Le dimanche doit être sanctifié par des lectures de piété, et surtout des Saintes Ecritures ; (3)

« Qui ne s'abstient du mal que par la crainte du châtiment, le commet dans son cœur, et est déjà coupable devant Dieu. (4)

« La crainte n'arrête que la main, et le cœur est livré au péché, tant que l'amour de la justice ne le conduit pas. (5)

« On ne sait pas ce que c'est que la vraie pénitence quand on veut être rétabli d'abord dans la possession des biens dont le péché nous a dépouillés, et qu'on ne veut pas porter la confusion de cette séparation. (6)

« La crainte d'une excommunication injuste ne doit pas nous empêcher de faire notre devoir, etc .... (7)

(1) Proposition XVI. — (2) Proposition L. — (3) Proposition LXXXII. — (4) Proposition LXII. — (5) Proposition LXI. — (6) Proposition LXXXVIII.
(7) Proposition XCI.

Il n'est aucune de ces maximes, puisées du reste dans les Apôtres et les Pères, qui ne nous paraisse être la plus pure essence de la doctrine chrétienne, et le scandale qu'elles causèrent montre l'abîme qui s'était creusé entre le vieux christianisme et celui que le temps, et les passions, et les nécessités humaines avaient fait.

Néanmoins on voyait bien, au ton de fierté et d'amertume mal dissimulé qui règne dans cet ouvrage, qu'il était l'œuvre d'un parti et d'un parti persécuté ; et qu'il était loin de cet esprit d'humilité et de soumission que le sentiment religieux inspire aux fidèles.

Quoi qu'il en soit, les chrétiens austères, de la trempe de Félix Vialart, ne virent, dans les *Réflexions Morales sur le Nouveau Testament*, que la forte moelle, que la sève robuste qu'elles contenaient, et qui convenait à leurs goûts, à leur genre de dévotion, et c'est pourquoi l'évêque de Châlons, après avoir donné son approbation pleine et entière à cet ouvrage, n'hésita pas à le recommander à ses ouailles par un Mandement très-élogieux. Les ennemis du Jansénisme insinuent ici que la bonne foi de l'évêque fut trompée, que cette approbation ne fut donnée qu'à la première édition de l'ouvrage encore exempte du venin janséniste, et que le Père Quesnel, ayant fait paraître plus tard des éditions considérablement augmentées, et jansénisées, n'hésita pas à laisser, en tête du livre, l'Approbation épiscopale. Il est très possible, qu'il y ait eu, dans cette affaire, un peu de *rouerie* janséniste, comme il y en a dans tous les partis. Mais il ne faut pas oublier qne l'évêque de Châlons croyait sincèrement avoir tué le Jansénisme par sa fameuse paix, et qu'alors il pensait pouvoir se livrer à ses goûts pour l'antique austérité chrétienne sans aucune conséquence pour lui. Il ne voyait pas que les Jansénistes triompheraient de son approbation et l'embrigaderaient malgré lui dans leur parti, ce qui, en effet arriva. Et voilà comment le livre des *Réflexions morales* du P. Quesnel, devint, en quelque sorte, l'évangile du Jansénisme, et l'évêque de Châlons l'un des patriarches de la secte.

Ce qui explique l'enthousiasme candide de Félix Vialart et la joie des Jansénistes, c'est que l'apparition du livre de Quesnel fut, dans le monde religieux, un succès tel qu'on n'en avait pas vu depuis l'apparition de l'*Introduction à la Vie dévote* de Saint François de Sales. Il suffit de voir ce qu'en dit Bossuet, et le ton dont il en parle : « Le livre du P. Quesnel, dit-il, fut reçu dans le diocèse de Châlons avec une telle avidité et une telle édification, que l'on crut voir renouveler de nos jours l'ancien zèle pour la méditation de la parole de Dieu les nuits et les jours ; et, quand l'on eut ajouté les notes sur le Nouveau-Testament, la perfection de l'ouvrage eut un effet si heureux, que tous les pays où la langue française est connue, et, en particulier, la ville royale (Paris) en furent remplis, et que les libraires ne pouvaient plus fournir à la dévotion des fidèles, ce qui paraît par les éditions innombrables qu'on en faisait coup-sur-coup ; et qui à l'instant étaient enlevées. M. de Harlay, archevêque de Paris, loin de s'opposer au débit de ce livre dont le fruit se multipliait à ses yeux, en a souvent reçu le présent avec un agrément déclaré, en sorte qu'on pouvait appliquer à cet heureux événement ce qui est écrit dans les Actes « que la parole de Dieu allait croissant, et que le nombre des zélés lecteurs augmentait tous les jours.... »

Duclos, de son côté, raconte, dans ses Mémoires historiques (1), que le P. de la Chaise, jésuite très zélé et confesseur du Roi, montrait, sur sa table, à ses visiteurs, le livre des *Réflexions morales sur le Nouveau - Testament* et leur disait : « Je n'ai plus le temps d'étudier. J'ouvre ce livre, et j'y trouve toujours de quoi m'édifier et m'instruire. » Aussi personne, dont le monde janséniste, pas même le grand Arnauld, n'eut-il, tant d'ascendant que le P. Quesnel. Bossuet, par exemple, ne s'en est jamais entièrement dégagé (2).

Le savant et politique oratorien, après avoir séduit ces natures fortes, les tenait par la crainte d'un désaveu, par l'idée que les Jansénistes seuls avaient étudié à fond cette terrible et aride matière de la Grâce, qu'ils représentaient à cet égard les idées d'une des plus grandes lumières de l'Eglise, Saint-Augustin ; que le nom de Jansénisme était un fan-

---

(1) Mémoires historiques sur le règne de Louis XIV, sur la Régence, et sur le règne de Louis XV, en grande partie composés sur les manuscrits des Mémoires de Saint-Simon non encore publiés. — Page 77.

(2) Voir, à cet égard, *les Mémoires de l'abbé Le Dieu*, tome II, page 70.

tôme pour cacher ce qui était, á leurs yeux, la vraie doctrine du christianisme ; enfin il les tenait par la menace d'entretenir la guerre dans l'Eglise par leurs écrits, si l'on portait la moindre atteinte au dogme de la Grâce qui était le *palladium* de la religion chrétienne (1).

Voilá pourquoi l'évêque de Châlons resta fidéle au livre des *Réflexions morales*, même aprés le premier bruit suscité á son occasion, car ce livre ne fut suspecté d'hérésie que lorsque Quesnel se fut fait Janséniste déclaré et militant, en quittant l'Oratoire, et en allant rejoindre Arnauld á Bruxelles, ce qui eut lieu en 1685. Jusque-lá, malgré les soupçons qui planaient sur l'auteur, le livre ne fut pas interdit ni poursuivi. Mais alors il arriva ce qui arrive souvent dans le monde, c'est que la personne étant devenue hérétique, le livre le devint par lui-même. Ce fut une *hérésie personnelle,* comme le disait déjá Pascal, á propos d'Arnauld. Et dés lors tous les pouvoirs

---

(1) Le journal de l'abbé Le Dieu, tome II, pages 60 et suivantes, donne des détails très piquants sur les menées des Jansénistes et, particulièrement du P. Quesnel, au moment des Assemblées du Clergé de la fin du XVIIe siècle, et sur les fluctuations de Bossuet, qui avait à combattre à la fois les doctrines extrèmes des Jansénistes et des Molinistes.

se liguèrent pour étouffer un ouvrage qui
rappelait les austères doctrines des Apôtres et
des Pères, alors qu'on ne jurait plus que par
Sanchez et par Escobar.

Le doux et pacifique évêque de Châlons, qui
était de la religion de Saint François de Sales,
de Saint Charles Borromée, et qui ne comprenait, dans le christianisme, que ce qui peut
adoucir les cœurs, purifier les mœurs, com-
primer l'esprit de querelle, pacifier les consciences, unir toutes les âmes dans la charité et
dans l'horreur de l'humeur dogmatique ; l'évêque de Châlons qui croyait avoir triomphé du
Jansénisme en obtenant de ses adeptes moins
de raideur, tout en rendant hommage à leurs
vertus ; qui mettait au-dessus de la lettre qui
tue l'esprit qui console et qui vivifie ; qui
avait cru trouver, ainsi que bien d'autres
prélats, cet esprit dans le livre de Quesnel ;
Félix Vialart enfin n'eut pas la douleur de
voir le nouvel orage à la formation duquel il
avait contribué. Il mourut le 16 juin 1680,
laissant à ses ouailles le souvenir d'une vie
consacrée tout entière à la charité (1), aux ré

______

(1) Le duc de Lorraine, ayant eté, pendant quelque temps, aux environs de Châlons, avec une armée
de 14.000 hommes, et les paysans s'étant réfugiés

formes utiles, au rétablissement de l'unité dans l'Eglise, enfin à des austérités dont bien peu de prélats, dans son siécle, avaient donné l'exemple. « Son amour de la pénitence, nous dit dom Clémencet, ses jeûnes, ses veilles, les rigueurs qu'il exerçait sur son corps étaient telles, qu'un ecclésiastique qui en avait connaissance, s'écriait quelquefois : « Mon Dieu, est-il possible qu'un homme si incommodé se traite de la sorte ! »....'. (1). Le Roi Louis XIV, qui l'avait en grande estime, disait de lui aprés sa mort : « Qu'on dise tout ce qu'on voudra de ce bon prélat pour le décrier, que sa morale était trop sévére, qu'il était Janséniste : je n'en crois rien, parce que je suis touché de ce qu'en ont toujours pensé les souverains pontifes.... Je veux moi-même, en présence de toute la Cour, rendre l'honneur qui est dû à celui que j'ai toujours regardé comme le plus digne de tous les Prélats de mon royaume, en déclarant qu'il m'a parlé

---

dans la ville avec leurs bestiaux, il pourvut à la nourriture des hommes par ses aumônes, et il acheta quantité de fourrages et de prés pour pourvoir à l'entretien du bétail. — Voir Moréri, *Dictionnaire,* article *Félix Vialart.*

(1) *Histoire générale de Port-Royal,* tome VII page 273, à la note.

souvent en particulier avec une sainte liberté.
dont je ne me suis jamais fâché, pour me
réprésenter les choses que je devais faire pour
mon salut et pour celui de mes sujets. J'ai
toujours eu beaucoup de confiance en ses
bonnes prières » (1). Ce témoignage est d'autant plus précieux que l'évêque de Châlons
avait, avant sa mort, écrit une lettre de re-
montrance au Roi, lettre qui ne devait être
remise qu'après sa mort (2). Les courtisans
exploitérent cette lettre contre la mémoire du
prélat et contre le Jansénisme, et s'attirérent
la réponse que nous venons de voir. Nous
avons vu, à propos de M. Feydeau, qu'il
manqua de ce courage indispensable pour défendre un subordonné contre tous les pouvoirs
déchaînés. Il vivait dans le rayonnement de
cette Majesté dont le moindre froncement de
sourcil faisait trembler les gens quelque peu
courtisans. Cependant il n'hésita pas à faire
des représentations au Roi, même quand il y
avait quelque courage à le faire. Dom Clémencet raconte (3) que, « lorsque Louis XIV,

---

(1) *Histoire générale de Port-Royal*, tome VII,
page 273, à la note.
(2) Ibidem.
(3) Ibidem.

en 1678, fut entré dans la voie de la persécution à outrance contre les Jansénistes, M.
Vialart ayant voulu, dans un entretien qu'il
eut avec lui, tâcher de diminuer ses préventions, le Roi, après lui avoir dit que les Jansénistes étaient des esprits inquiets et brouil-
lons qui troubleraient tout, s'ils en avaient
l'occasion, fit même un reproche à ce Prélat
de ce qu'il les connaissait et les affectionnait ;
sur quoi M. de Châlons lui répondit géné-
reusement : « Il faut bien que je les connaisse, Sire, pour avoir négocié la paix de
l'Eglise, qui n'est pas un des moins beaux
endroits du règne de Votre Majesté. Il est
étonnant qu'on me décrie auprès d'elle, parce
que je tâche de faire mon devoir. »

Comment voudrait-on que les Jansénistes,
qui étaient entourés d'ennemis de toutes parts
ne prissent pas pour un des leurs un homme
qui leur témoignait tant de bienveillance ?
Aussi oublièrent-ils ses faiblesses, ses fluctuations, ses injustices, pour le mettre dans leur
Panthéon, au milieu de leurs saints. Il se
passa, au lit de mort, et sur le tombeau de
l'évêque de Châlons, des scènes singulières
qui inaugurèrent l'ère des convulsions et autres

phénomèmes physiologiques qui firent tant de bruit plus tard. Les ardents de la secte les exploitérent, comme on peut le croire, au profit de leur propagande ; et l'on s'étonne de voir Racine lui-même répandre le bruit de ces prétendus miracles ; mais il était dans sa période de pénitence. Nous lisons, dans une lettre de M. Vuillart à M. de Préfontaine, à la date du 13 Décembre 1698, les lignes suivantes : « M. Racine m'a dit hier qu'il avait appris à l'archevêché, où il avait dîné, qu'il y avait eu un nouveau miracle de M. Vialart, évêque de Châlons, savoir la guérison d'un hydropique. Le Molinisme sera désolé et inconsolable, si un saint janséniste se met ainsi à faire des miracles. En voilà bien déjà : aveugle, lépreux, bras retiré, etc. On dresse des procès-verbaux de tout, et une grande exactitude pour l'authencité y est observée. » Cette lettre montre l'opinion qu'on avait de Félix Vialart dans le parti, et fait pressentir les exagérations de fanatisme, dans lesquelles le Jansénisme se laissera désormais entraîner.

TABLE.

———

———

9 782329 172514